O último dia do mundo

Nicholas Shrady

O último dia do mundo
Fúria, ruína e razão no grande terremoto de Lisboa de 1755

Tradução
Paula Berinson

© Nicholas Shrady, 2011

Todos os direitos desta edição reservados à
EDITORA OBJETIVA LTDA., rua Cosme Velho, 103
Rio de Janeiro – RJ – Tel.: (21) 2199-7824 e (21) 2199-7825
www.objetiva.com.br

Título original
The Last Day

Capa
Marcelo Pereira

Imagem de capa
The Granger Collection, New York
O terremoto de Lisboa, Portugal, 1º de novembro de 1755
Xilografia

Copidesque
Otacílio Nunes

Revisão
Regiane Winarski
Cristiane Pacanowski
Patrícia Sotello Soares

Editoração eletrônica
Filigrana

CIP-BRASIL. CATALOGAÇÃO-NA-FONTE
SINDICATO NACIONAL DOS EDITORES DE LIVROS, RJ
S564u
Shrady, Nicholas
        O último dia do mundo : fúria, ruína e razão no grande terre-
    moto de Lisboa de 1755 / Nicholas Shrady ; tradução Paula Berin-
    son. - Rio de Janeiro : Objetiva, 2011.
        il., retrs.

    Tradução de: *The last day*
    Acompanhado de caderno de fotografias
    Inclui bibliografia e índice
    274p.   ISBN 978-85-390-0207-8

    1. Shrady, Nicholas. 2. Terremotos - Portugal - Lisboa. 3. Lis-
boa (Portugal) - História - Séc. XVIII. I. Título.

10-5876   CDD: 946.9425
                                 CDU: 94(469):550.348.436
                                                022929

PARA EVA

AGRADECIMENTOS

Meus mais sinceros agradecimentos às seguintes pessoas e instituições por sua generosidade e consideração ao me ajudarem a escrever este livro: Eva Ortega Adell, Christy Fletcher e Emma Parry, David Cashion, Michael e Shelley Carr, George Wright, Dexter Hodges, Gregorio Sánchez, Christopher e Lesley Cooke, José Sarmento de Matos, Anne Chaudoir, Michael Millard, Karl Fuchs, João Macarenhas Mateus, British Library, Biblioteca Olissiponense, Biblioteca Geral da Fundação Calouste Gulbenkian, British Historical Society de Portugal, Public Records Office de Londres, Museu da Cidade, Câmara Municipal de Lisboa e Arquivo Histórico Municipal de Lisboa, National Information Service for Earthquake Engineering, Universidade da Califórnia, Berkeley.

SUMÁRIO

UM: O DIA DE TODOS OS SANTOS	15
DOIS: ORDEM A PARTIR DO CAOS	41
TRÊS: FAZENDO O INVENTÁRIO	67
QUATRO: ALIS UBBO... OLISIPO... AL-USHBUNA... LISBOA	83
CINCO: UMA IDADE DE OURO, POR ASSIM DIZER	101
SEIS: O PASTOR E O FILÓSOFO	137
SETE: COMO UMA FÊNIX RENASCENDO DAS CINZAS	175
OITO: ILUMINISMO A QUALQUER CUSTO	201
EPÍLOGO	237
Notas	245
Bibliografia	251
Índice	259

A terra balançou e tremeu, as próprias bases dos montes vacilaram diante de sua ira; a fumaça subiu diante de sua presença furiosa e de um fogo devorador; os carvões incandescentes pegaram fogo na medida em que ele avançava.

– 2 Samuel 22:8-9

Eu estava lavando os utensílios de chá quando a coisa Medonha aconteceu. Começou como o ruído de carruagens e as coisas à minha frente dançaram de um lado para o outro sobre a mesa, olhei ao meu redor e vi as paredes sacudindo e desmoronando, então me levantei e fugi, dizendo o nome de Jesus.

– A freira Kitty Witham em uma carta a sua mãe, na Inglaterra.

Depois, quando a terra tinha parado de tremer e uma fina poeira de séculos se assentara sobre Lisboa como um véu, quando o mar tinha recuado até a plácida extensão do estuário do Tejo e as últimas brasas de um fogo devastador se extinguiram, só então os sobreviventes começaram a se lembrar e a falar das profecias. Porque, desde tempos imemoriais, profetas e adivinhos, panfletários e pressagiadores, padres e ascetas haviam previsto um desastre certeiro para a capital de Portugal. Os sinais e presságios, eles insistiam, eram variados mas inequívocos – um súbito aumento no número de crianças natimortas, um cometa riscando os céus, os sonhos febris de uma freira enclausurada, uma visão de anjos vingadores pairando sobre a cidade – e todos eles apontavam para a destruição de Lisboa pelas mãos de um Deus furioso. As advertências afirmavam que a cidade pereceria de maneiras variadas: por seca, praga, fome, invasão, terremotos, tempestades, uma proliferação de vermes e o retorno do domínio dos espanhóis, mas o castigo mais comum era sempre pelo dilúvio (como acontecera com Noé) ou pelo fogo (como acontecera a Sodoma). Dos púlpitos vinha uma enxurrada de sermões que censuravam a cidade por uma lista enorme de pecados. Não importava que os portugueses fossem devotos comprovados, extremamente piedosos e os guardiões dedicados de um Catolicismo Romano ostentoso. Lisboa, vociferava um clero zeloso, mergulhara na iniquidade e seu povo se atolara na torpeza moral por meio do triunfo da libertinagem, da cobiça, da preguiça, da corrupção e, o pior de tudo, da proximidade venal com os heréticos Protestantes estrangeiros! Os dias do ajuste de contas estavam próximos; pobres daqueles que não dessem atenção ao chamado para o arrependimento! E então os pregadores citavam fartamente o livro do Apocalipse: "Ai, ai da grande cidade, Babilônia, cidade poderosa! Bastou um momento para tua execução! [...] Ai, ai da grande cidade, que se revestia de linho, púrpura e escarlate, toda ornada de ouro, pedras preciosas e pérolas. Num só momento toda essa riqueza foi devastada!"

Era disso que o povo se lembraria, do Apocalipse, porque foi com isso que os primeiros dias de novembro se pareceram mais do que com qualquer outra coisa, no momento em que a terra, o mar e o fogo conspiraram para devastar Lisboa.

CAPÍTULO UM

O DIA DE TODOS OS SANTOS

Mal entravam na cidade [Lisboa] [...] quando sentem terrão solo tremer sob os seus pés; o mar, furioso, galga o porto e despedaça os navios que ali se acham ancorados. Turbilhões de chama e cinza cobrem as ruas e praças públicas; as casas desabam, abatem-se os tetos sobre os alicerces que se abalam; trinta mil habitantes são esmagados sob as ruínas [...]
– Qual poderá ser a razão suficiente deste fenômeno? – indagava Pangloss.
– Chegou o último dia do mundo! – exclamava Cândido.

– François-Marie Arouet, Voltaire,
*Cândido ou Otimismo**

---

* *Voltaire: Contos e Novelas*, Editora Globo, Coleção Clássicos Globo, tradução de Mario Quintana. (N. da E.)

Era dia 1º de novembro de 1755. O Dia de Todos os Santos amanheceu fresco e sem nuvens, e Lisboa, calçada de pedras brancas, permaneceu coberta por uma intensa luz outonal que projetava sombras alongadas dos cumes das montanhas ao redor até as margens do rio Tejo. Uma fraca brisa do nordeste transportava fiapos de fumaça das chaminés vindos do fogo das panelas que aquecia as cozinhas da cidade, rodopiando no ar na direção do céu azul, e agitava levemente os estandartes hasteados nas ameias do Castelo de São Jorge, construção mourisca do século X que vigiava Lisboa. No porto, formidáveis navios de guerra e fragatas portugueses, com suas portinholas de armas trancadas, e uma flotilha de navios mercantes com bandeiras de Inglaterra, Países Baixos, França, Espanha, Dinamarca, Malta, Veneza e Hamburgo, flutuavam suavemente nas águas límpidas. Até para o observador mais hostil, Lisboa parecia um lugar abençoado.

Foi a geografia abençoada, de fato, que deu origem a Lisboa. Espalhada sobre sete colinas verdejantes no litoral norte do Tejo, perto do Atlântico mas protegida do mar aberto, e tendo por retaguarda os picos recortados de Sintra, a beleza do lugar já fora apreciada pelos fenícios, que povoaram a área por volta de 1000 a.C. Os gregos e depois os cartagineses estabeleceram ali comunidades de comércio, e mais tarde ainda os romanos elevaram Olisipo, como denominaram o porto, à condição de *municipium*. Os visigodos fizeram dela uma cidadela, da mesma forma que os mouros. Quando Lisboa se tornou a capital de um Portugal incipiente, em 1260, a cidade já possuía um passado bastante venerável. Mas foi o advento da conquista ultramarina, a exploração e o comércio durante os séculos XV e XVI, a chamada Era dos Descobrimentos, que deu a Lisboa o ar de uma das mais opulentas e vibrantes capitais europeias. Exploradores como o príncipe Henrique, o Navegador, Vasco da Gama e muitos outros navegadores intrépidos zarparam de Lisboa em suas viagens imperiais por Deus, Glória e Ouro (não necessariamente nessa ordem), e foi para os cais de Lisboa que eles retornaram da Ásia, da África e do Brasil, carregados com os frutos exóticos de um império, que incluíam especiarias, ouro, madeiras raras, armas, açúcar, tabaco e, para sua infâmia, escravos da África ocidental. Quando um verdadeiro filão de ouro e depósitos abundantes de diamantes foram descobertos no Brasil no fim do século XVII, um bom número de contemporâneos acreditou que os portugueses haviam chegado, por mero acaso, ao verdadeiro Eldorado. Portugal, um país muito pequeno, geograficamente remoto e quase inteiramente agrícola, tornou-se merecidamente renomado por sua douração. "Mercadores que viveram em Portugal nos informam", escreveu John Wesley, clérigo inglês fundador do Metodismo, "que o rei tinha uma grande construção repleta de diamantes; e mais ouro estocado, em moedas e em barra, do que todos os outros príncipes da Europa juntos".[1]

Porém, apesar de Portugal contar com o esplêndido benefício de um império, embora adquirido de forma desonesta, na metade do século XVIII a maior parte do país ainda vivia numa privação quase medieval. O rei dom João V, que se imaginava uma versão portuguesa de Luís XIV, o Rei Sol, tinha direito a seu "quinto real" de todo o ouro e dos diamantes, e gastava generosamente o tesouro com a Igreja Católica e a família real. A nobreza portuguesa controlava a maioria dos monopólios de importação; e mercadores estrangeiros, principalmente os ingleses, controlavam a maior parte do mercado de reexportação, extremamente lucrativo. Os ourives da Itália e os lapidadores de diamante dos Países Baixos ganhavam mais com os tesouros do Brasil do que qualquer português. Se Portugal tivesse desenvolvido uma verdadeira classe mercante e indústrias emergentes, como fizeram, por exemplo, seus diligentes rivais holandeses, o país poderia ter se desenvolvido, mas, da forma como as coisas se passaram, Portugal era incapaz de alimentar e vestir adequadamente o povo com seus próprios recursos e tinha de importar, entre outros produtos de primeira necessidade, trigo, tecidos e, surpreendentemente, peixe. Mas isso não parecia ter importância, pelo menos enquanto continuasse a abundância brasileira.

As possessões coloniais portuguesas se estendiam do Brasil a Macau, mas Lisboa era a capital de fato, e o centro de controle e poder de um império exageradamente grande. Em 1750, a população da cidade aumentara para 250 mil e seu porto era um dos mais movimentados da Europa, mas Lisboa vivia um declínio irreversível. A rapacidade da Coroa, da nobreza e dos mercadores estrangeiros impedia que as receitas do comércio externo e nacional beneficiassem as camadas mais pobres da população. A indústria quase não existia e o nível geral de educação era tão baixo que era preciso trazer escrivães e contadores do exterior para trabalhar nas grandes companhias de comércio. A cidade tinha um número razoável de palácios e residências nobres, construídos com uma pedra branca imaculada pela qual Lisboa era famosa, mas a maioria do povo vivia em bairros abarrotados em aproximadamente 20 mil casas improvisadas feitas de adobe, tijolo e madeira. Algumas das ruas eram pavimentadas, outras não, mas todas viviam sujas com o lixo que os moradores costumavam jogar pelas janelas. Na verdade, o saneamento público tinha sido melhor nos períodos em que a cidade fora ocupada pelos romanos e pelos mouros. Para esquivar-se da sujeira, os abastados eram carregados em liteiras. À noitinha, os portões da cidade eram fechados e poucos se aventuravam nas ruas escuras e sem policiamento; aqueles que o faziam costumavam esconder uma pistola ou uma adaga embaixo das capas, que se estendiam até os joelhos.

Contudo, apesar de todos esses problemas e deficiências, a vida em Lisboa era muito agradável, em especial pelos padrões do século XVIII. Embora o verão pudesse ser sufocante, o clima em geral era ameno e salutar. A cidade era rodeada por chácaras, vinhedos e pomares que forneciam produtos frescos para o mercado central, adornado com azulejos reluzentes e famoso pela perfeita limpeza. O vinho tinto era barato, embora um pouco rascante, e as sardinhas, um dos principais produtos de Portugal, eram abundantes. A ópera era restrita aos nobres e às classes aristocráticas e a plebe só tinha acesso ao teatro mais libertino, mas um passeio pela emblemática praça do Rossio era uma diversão apreciada por todos. Festas e festivais religiosos marcavam o calendário e forneciam um sentido de coesão e continuidade para todos, exceto para os judeus e muçulmanos da cidade, que viviam praticamente sitiados. Visitantes estrangeiros tendiam a descrever Lisboa como uma "cidade africana", dada a preponderância de escravos e imigrantes das colônias

O ÚLTIMO DIA DO MUNDO

de Portugal no Brasil e no Paraguai, em Moçambique e Angola, nos Açores e em Goa, Macau e Malaca, mas, apesar dos escravos, a mistura racial conferia a Lisboa um verniz de cosmopolitismo.

É possível que muitos portugueses ainda se sentissem lisonjeados, no espelho dos tempos, por serem os descendentes heroicos dos Grandes Navegadores, uma raça que Deus abençoara com as dádivas e recompensas do descobrimento. Mas na verdade haviam se passado séculos sem que Portugal descobrisse muito mais do que despojos, e as novas revelações do Iluminismo, que estavam cativando o resto da Europa – ou seja, o empirismo, o método indutivo e uma pronunciada hostilidade contra a superstição religiosa – e que eram as verdadeiras descobertas daqueles tempos, tinham sido praticamente sufocadas em Portugal por uma Igreja Católica poderosa e arcaica. Em um guia de viagens popular na época intitulado *Description de la Ville de Lisbonne* (Descrição da cidade de Lisboa), publicado anonimamente em Paris, em 1730, o autor fornecia um retrato sóbrio do povo local: "Os portugueses são grandes, têm um bom físico e são robustos, mas a maioria deles é indolente, em parte por causa do clima e mais ainda por causa da miscigenação com os negros, que é bastante comum. São ciumentos até o mais elevado grau, dissimulados, vingativos, sarcásticos, vaidosos e presunçosos sem motivo, porque a maioria deles tem apenas uma educação muito medíocre [...] Também são amigos fiéis, generosos, caridosos."[2]

Mas o que mais impressionava o autor de *Description* e quase todos os viajantes que visitavam Lisboa pela primeira vez era a devoção sem paralelo dos habitantes. Do púlpito, o clero de Lisboa estava eternamente retratando a cidade como um antro de iniquidade, mas essas eram as palavras ranzinzas de sacerdotes excessivamente devotos e não expressavam o verdadeiro caráter da cidade. Se a mera quantidade de lugares santificados fosse tomada como medida, Lisboa parecia o mais próximo que alguém podia chegar de uma Cidade de Deus terrena. Além da catedral patriarcal do século XII, a cidade tinha mais de quarenta igrejas paroquiais, várias igrejas não paroquiais, 121 oratórios, noventa conventos e quase 150 irmandades e sociedades religiosas variadas. Em Lisboa, pináculos surgiam como copas de árvores, e domos e cúpulas pareciam outeiros elevados; era uma geografia eclesiástica que havia se formado através dos séculos, um panorama de piedade e devoção que marcava a vida social e espiritual de seus habitantes. De fato, era difícil dar um passo na cidade sem topar com uma igreja, uma cruz à beira da estrada, um santuário ou uma Madona em azulejos* multicoloridos. Procissões religiosas de penitentes eram corriqueiras; era comum a adoração de relíquias sagradas, não raro de origem duvidosa; e histórias milagrosas de intervenção divina, orientação recebida de santos e orações atendidas de forma indescritível faziam parte da memória pública. De uma população de aproximadamente 250 mil pessoas, mais de 10% dos moradores de Lisboa eram membros de alguma ordem religiosa.** E embora o rei dom José I,

---

* Quando da chegada ao porto de Lisboa, os capitães de navios estrangeiros eram obrigados a assinar um juramento de que eles e sua tripulação tirariam chapéus quando encontrassem os homens do clero, se ajoelhariam a cada elevação da Hóstia Consagrada e "de forma alguma insultariam a Santa Cruz, onde quer que estivesse colocada, ao fazer [água], mas, por mais urgentes que pudessem ser as suas necessidades, eles reteriam a mesma até uma distância apropriada e lícita".

** No país inteiro, com uma população de 3 milhões de pessoas, os clérigos totalizavam aproximadamente 200 mil, tornando Portugal "mais dominado por padres do que qualquer outro país no mundo, com a possível exceção do Tibete", de acordo com o historiador Charles Boxer.

O ÚLTIMO DIA DO MUNDO

que portava o título de *Fidelissimus*, ou "O Mais Fiel", fosse visto como a personificação de uma dimensão do divino e governasse uma monarquia absoluta, Portugal muitas vezes parecia ser nada mais que uma teocracia muito arraigada. A Igreja Católica, a mais antiga instituição do país e dona da maioria das terras e propriedades, exercia um monopólio na educação, na confissão, nos hospitais e nos tribunais do tão temido Santo Ofício da Inquisição – ou seja, conhecimento, consciência, saúde e lei eclesiástica – e aparentemente governava a vida da maioria dos portugueses.

Para visitantes estrangeiros e residentes, em especial os protestantes e aqueles mais esclarecidos, os ritos e rituais portugueses cheiravam a papismo, adoração de ídolos e superstição inveterada e inspiravam reações que iam da zombaria à abominação geral. Na primavera de 1753, George Whitefield, o incansável evangelista do Grande Despertar Metodista na Inglaterra, teve de fazer uma estadia inesperada em Lisboa junto com 22 órfãos, quando viajava para passar um período pregando na colônia americana da Geórgia. Em cartas a seu confrade metodista em Londres, Whitefield descreveu com repulsa indisfarçada algumas das cerimônias religiosas das quais foi testemunha: "Uma noite, por volta das dez horas, vi uma fila de quase duzentos penitentes, parando para se ajoelhar na rua, enquanto um frade, de cima de um cruzeiro bem alto, com um crucifixo na mão, pregava para eles e para o povo com grande veemência." À medida que a procissão se encaminhava para as ruas escuras, os penitentes se açoitavam com chicotes e correntes, batiam no peito em lamento e cantavam "Penitência!". "Todos estavam descalços", escreveu Whitefield, "e todos tinham correntes grandes e pesadas amarradas nos tornozelos, as quais, quando arrastadas pela rua, faziam uma algazarra horrível". A reação de Whitefield a essa cena medieval de autoflagelação foi absolutamente pertinente. "Oh, feliz Inglaterra!", ele concluiu, "Oh, felizes metodistas!"[3]

Embora muito dessa veneração pública fosse extremamente palpável, senão inevitável, nem tudo dela vinha de uma pureza do coração cristão. No país inteiro a observância religiosa era, para todos os efeitos, obrigatória, visto que o seu não cumprimento – deixar de assistir à missa ou desrespeitar o dia de descanso semanal e os dias santos prescritos – poderia ser denunciado perante a Inquisição. E para que ninguém pensasse em ignorar ou contradizer um dogma católico inequívoco, as demonstrações espetaculares dos julgamentos da Inquisição e os autos de fé eram incentivos suficientes para manter uma fé pública conspícua.* A lógica eclesiástica certamente era percebida pelas multidões reunidas na praça do Rossio ou no terreiro do Paço, próximos ao Palácio Real, para testemunhar heréticos, dissidentes, humanistas e judeus convertidos suspeitos de praticar a antiga religião queimando na fogueira. Desde que o Santo Ofício da Inquisição fora estabelecido em Portugal, em 1536, como um bastião da Contrarreforma, o cheiro de santidade se misturava ao de carne humana queimada, e o efeito disso era um rebanho singularmente submisso. O impulso para a ortodoxia tinha menos a ver com liberdade de consciência do que com um medo legítimo de cair nas garras da Inquisição.

E foi assim que, no meio da manhã do dia 1º de novembro de 1755, com um repique de sinos convocando os fiéis, as ruas confusas de Lisboa fervilharam de multidões rumando para suas devoções. O Dia de Todos os Santos

---

* O termo auto de fé se refere à cerimônia na qual sentenças do Santo Ofício da Inquisição eram lidas e executadas. O impenitente podia ser condenado à prisão, tortura ou, no caso dos pecados mais graves contra a Igreja, morte em uma fogueira.

era uma cerimônia solene no calendário litúrgico, e nesse dia não se pensava em dinheiro. Havia pouca atividade nos cais habitualmente apinhados; a Casa da Índia, sede do comércio e tráfico internacional de Portugal, estava fechada, assim como a Alfândega e a Feitoria Britânica, onde membros da próspera classe mercante inglesa se reuniam para promover seus negócios, beber quantidades excessivas de vinho do Porto, reclamar dos consequentes ataques de gota e calcular seus enormes lucros. Lojas e empórios estavam igualmente fechados. Em um país conhecido como o baluarte da ortodoxia católica, o principal ato público do dia era a Santa Missa. A elite da cidade – membros da alta nobreza e outros menos importantes, ministros, dignitários da Igreja e embaixadores estrangeiros – saía às ruas em elegantes carruagens puxadas por cavalos ou em liteiras carregadas por escravos, de maneira a evitar o caos da turba e a sujeira e os esgotos abertos das ruelas medievais de Lisboa. Naturalmente, o povo ia a pé. A escolha sobre qual igreja frequentar costumava se limitar à da paróquia de cada um, mas no Dia de Todos os Santos muitos cidadãos de Lisboa escolhiam prestar homenagem a Vicente, o santo padroeiro da cidade, e rumavam para a basílica de São Vicente de Fora, no limite leste da capital. A igreja original tinha sido construída no século XII para comemorar a reconquista de Lisboa dos mouros, mas uma construção inteiramente nova, iniciada em 1582 e projetada pelos arquitetos Juan de Herrera e Filipo Terzi, se apresentava em um estilo maneirista italiano. Com sua reluzente fachada de dois andares de mármore branco e imponentes campanários gêmeos coroados por torres-lanternas, a igreja era uma das mais grandiosas de toda a Lisboa. Dentro dela, a nave única, o transepto largo e a longa capela principal lembravam a igreja jesuíta do Menino Jesus em Roma, todo o poder arquitetônico empregado para acender as emoções da fé militante da Contrarreforma.

No Dia de Todos os Santos, os bancos estavam lotados. Só havia lugares para se ficar em pé nos corredores e nas capelas laterais, e a multidão se espalhava pelos degraus da entrada e pela praça na frente da igreja. Todos usavam seus melhores trajes de missa, cada um de acordo com a sua condição. Os padres e seus ajudantes, no altar-mor, vestiam imaculadas roupas brancas para a festa solene. Nos bancos da frente, reservados à classe aristocrática e a vários dignitários, havia uma profusão de renda e seda, roupas finas de veludo e brocado, e calvícies nobres coroadas por perucas empoadas. A elite jurídica e as prósperas famílias de mercadores que vinham logo atrás estavam quase tão adornadas quanto os mais bem titulados. Donos de loja e membros de guilda e suas famílias vestiam roupas mais condizentes e se abstinham da afetação das perucas. Todas as mulheres usavam véu. Na parte de trás da igreja ficava a multidão de sujos e maltrapilhos. A atmosfera estava carregada de incenso e do murmúrio coletivo de orações. A luz entrava na nave pelas janelas do clerestório, e as fracas velas votivas e lanternas preenchiam as sombras.

No coro, os padres tinham acabado de iniciar os cânticos sonoros do introito *Gaudeamus omnes in Domino, diem festum...* quando a igreja inteira começou a oscilar como um navio no meio de uma tempestade. Os grandes sinos de bronze nos campanários gêmeos tocavam em acessos violentos, seus carrilhões confusos e abafados pelo ribombar ensurdecedor de terra em movimento. Velas tombavam e se apagavam, vitrais se despedaçavam, santos caíam de seus pedestais e tanto sacerdotes como paroquianos entravam em pânico. Dezenas foram esmagadas pela queda de vigas e por uma chuva de mármore quando colunas, capitólios, arcos, contrafortes e blocos maciços de pedra se esfarelaram. Muitos correram para algum espaço aberto, mas alguns se recusavam a abandonar a igreja, e rezavam e imploravam freneticamente por perdão divino em meio ao tumulto, convencidos de que o fim, o tão anunciado Apocalipse, estava próximo. Aqueles que conseguiram sair encontraram a praça envolta em uma nuvem de poeira e tão escura quanto uma noite sem lua. Quarteirões inteiros de casas tinham sido reduzidos a entulho; abismos haviam tragado ruelas e desmoronamentos cobriam os becos; carruagens jaziam destruídas, os cavalos se contorciam de dor; e os lisboetas vagavam, meio enlouquecidos e desamparados entre mortos e moribundos. Os gritos de terror e os gemidos dos feridos, alguns semienterrados pelos destroços, mal pareciam humanos.

Lisboa ainda estava sob efeito do tremor inicial quando, vários minutos depois do início do terremoto, aproximadamente às nove e meia da manhã, veio um segundo choque mais forte ainda. Muitas das construções mais robustas, de pedra e mármore, tais como palácios, igrejas e prédios do governo, sobreviveram ao primeiro abalo, mas suas fundações haviam sido enfraquecidas; o segundo abalo sísmico as derrubou como castelos de cartas. No meio de um labirinto de ruínas, ninguém sabia para onde ir. A escuridão dificultava o caminho para o ar livre e montanhas de entulhos, algumas da altura de vários andares, bloqueavam a maioria das saídas. Um relato, em carta anônima escrita por uma testemunha inglesa, descreveu a sorte daqueles apanhados pela calamidade:

> Vocês podem imaginar a confusão descomunal... pelo único exemplo que vou mencionar.

Havia uma passagem com um arco muito alto, como um de nossos portões da cidade, na frente da porta oeste da antiga catedral; à esquerda ficava a famosa igreja de Santo Antônio e à direita algumas casas particulares, com vários andares... No primeiro abalo, muitas pessoas, que estavam passando por baixo do arco, fugiram para o centro da área; aquelas que estavam nas duas igrejas, os que conseguiram sair, fizeram o mesmo. Nesse instante, o portão em arco, juntamente com as partes da frente das duas igrejas e das duas construções contíguas, todas se inclinando umas em direção às outras com a violência do abalo, desabaram, enterrando todas as pessoas que ali estavam aglomeradas.[4]

Mesmo para muitos daqueles que tiveram a sorte de sobreviver ao terremoto inicial, a experiência angustiante e o trauma do desastre foram os mais próximos possíveis de uma experiência de quase-morte. Thomas Chase, um comerciante de ascendência inglesa de 26 anos nascido em Lisboa, estava em seu quarto, no quarto andar de uma casa, quando o primeiro terremoto começou.

As pedras das paredes se soltando umas das outras e rangendo, como fizeram as paredes das outras casas, com uma variedade de diferentes movimentos, produziram o barulho mais assustador e confuso já ouvido. A parede ao lado, do quarto do sr. Goddard, caiu primeiro; em seguida, toda a parte de cima de sua casa e de todas as outras, até onde eu podia enxergar na direção do castelo; quando, voltando os meus olhos rapidamente para a parte da frente do quarto – porque pensava que a cidade inteira estava afundando para o interior da terra –, vi os cumes de dois dos pilares se tocando; e nada mais vi. Resolvera me jogar ao chão, mas suponho que não o fiz; porque imediatamente me senti caindo; e então, quanto tempo depois não sei, mas como se estivesse acordando de um sonho, com ideias confusas, percebi que minha boca estava cheia de alguma coisa que, com a mão esquerda, me esforcei para tirar; e não conseguindo respirar livremente, lutei, até minha cabeça ficar praticamente livre do entulho.[5]

Chase conseguiu livrar-se dos entulhos, mas estava ferido, em choque e preso em um labirinto de ruínas.

Permaneci em um estado de estupefação, até que os azulejos e os entulhos que ainda caíam me fizeram procurar um abrigo debaixo de uma pequena abóbada na parede estreita do lado oposto à minha cabeça. Enquanto estava deitado embaixo dela, vi que parecia haver um pequeno buraco justamente atravessando-a: quando me aproximei me arrastando com dificuldade para longe dos entulhos, encontrei a abertura, mais larga do que imaginava que fosse; e passando primeiro a cabeça e o braço, pouco a pouco puxei o corpo inteiro e caí, cerca de 60 centímetros, em um pequeno lugar escuro abobadado, que supus ser apenas um suporte para as duas paredes; apalpando ao redor, encontrei em um dos lados uma passagem estreita que me levou a um lugar parecido com um forno em um pequeno quarto, onde estava um português coberto de poeira, que, no momento em que me viu chegando por ali, recuou e, fazendo o sinal da cruz por todo o corpo, gritou, como é costume quando se está muito surpreso, "*Jesus, Maria e José!* Quem é você? De onde veio?", e ao ser informado me pôs em uma cadeira; e instantaneamente juntando as mãos, ele as levantou e ergueu os olhos para o teto, em sinal de grande sofrimento e preocupação. Isso fez com que eu me examinasse, o que antes não tinha tido tempo de fazer. Meu braço direito pendia à minha frente sem movimento, como um grande peso morto, o ombro deslocado e o osso quebrado; minhas meias estavam em frangalhos e minhas pernas, cobertas por feridas, o tornozelo direito inchado, imenso, e dele uma torrente de sangue jorrava para cima; o joelho também estava muito machucado, e tive a sensação de que meu flanco esquerdo era martelado, de forma que eu mal podia respirar: todo o lado esquerdo do meu rosto estava inchado, a pele esfolada, o sangue jorrando dali, com uma grande ferida acima e uma pequena abaixo do olho, e vários machucados em minhas costas e em minha cabeça.*[6]

---

* Thomas Chase sobreviveu a seus ferimentos, mas a lembrança do terremoto permaneceu com ele pelo resto de seus dias. Seu túmulo na igreja de Bromley, em Kent, Inglaterra, traz a seguinte inscrição: "Dedicado à memória de THOMAS CHASE, outrora cidadão desta paróquia; nascido na cidade de Lisboa em 1º de novembro de 1729 e enterrado sob as ruínas da mesma casa onde ele primeiro viu a luz do dia no sempre memorável e terrível abalo sísmico que ocorreu naquela cidade no dia 1º de novembro de 1755, quando, depois de escapar de maneira assombrosa, ele, pouco a pouco, se recobrou de uma condição muito deplorável e viveu até 20 de novembro de 1788".

O ÚLTIMO DIA DO MUNDO

Um terceiro e último abalo veio minutos depois, mas foi quase desnecessário, porque Lisboa já estava quase arrasada. Em menos de 15 minutos a natureza – ou, aos olhos dos fiéis de Lisboa, um Deus furioso – conseguira destruir a maior parte do que o homem labutara durante séculos para erguer. Embora fosse cedo demais para calcular a perda calamitosa de vidas humanas, a devastação material estava bem evidente. Quando os sobreviventes se levantaram, tropeçando, aturdidos entre os entulhos, não conseguiam encontrar os monumentos e pontos de referência arquitetônicos de sua amada geografia local.

O Paço da Ribeira, o palácio do rei, à beira do rio, estava em ruínas, assim como a Casa da Índia, a Alfândega, a Casa da Ópera e – para grande satisfação de protestantes, judeus e livres-pensadores – o Palácio dos Estaus, sede da Inquisição. Mais de vinte igrejas paroquiais foram completamente destruídas, assim como alguns dos maiores conventos e mosteiros. Grande número de palácios particulares e residências, lojas e armazéns, hospícios e mercados foram devidamente arrasados. Mas as estruturas que mais sofreram foram, como seria previsível, as habitações humildes, sem falar nos casebres, da classe trabalhadora e pobre de Lisboa; estes estavam reduzidos a meros montes de pó, sem qualquer esperança de reparo. A cidade não parecia Lisboa, mas uma versão deturpada por um pesadelo. Todavia, por mais diabólico que isso fosse, o terremoto era apenas um prelúdio. Quando as nuvens de poeira e cal assentaram e a escuridão se dissipou, a luz da manhã revelou uma cidade em chamas. As velas que tinham iluminado os altares de Lisboa e as fogueiras bem abastecidas que queimavam em milhares de lareiras e fornos pela cidade agora se espalhavam sem controle. Para piorar as coisas, a brisa da madrugada se transformou em violentas rajadas e o vento só fez atiçar as chamas.

Com a terra em convulsão, palácios e casebres desmoronados por todo canto e o fogo se alastrando livremente, muitos daqueles que atravessaram o pior do terremoto com as vidas e os membros do corpo intactos seguiram prontamente em direção ao rio. Com a terra firme naquelas condições, uma multidão de milhares de pessoas logo se reuniu à beira do rio Tejo na esperança de encontrar um barco ou navio para transportá-los para um terreno mais aberto na outra margem. A cena nos cais era de desespero, com os sobreviventes, muitos deles feridos, seminus e em estado de choque, implorando, fazendo ofertas e brigando por lugares em qualquer embarcação que flutuasse. Em meio ao caos, os padres circulavam pela multidão exortando o povo a se arrepender e oferecendo bênçãos apressadas; muitos se ajoelhavam, batiam no peito e se lamentavam ou se lastimavam com a única súplica que as circunstâncias permitiam: *Misericórdia, meu Deus!* Entre a multidão estava um mercador inglês que se esquivara de construções que desabavam, escalara e descera montanhas de entulhos e fugira com horror dos mortos e mutilados em torno de sua casa arruinada no Bairro Alto, para se dirigir à suposta segurança do Tejo. Também ele estava de joelhos fazendo preces, se bem que protestantes, quando:

De repente ouvi uma gritaria generalizada. O mar está se aproximando, estaremos todos perdidos. Nisso, voltando os olhos para o rio, que naquele lugar tem quase 6 quilômetros de largura, pude percebê-lo se elevando e aumentando de volume de maneira inexplicável, uma vez que não soprava nenhum vento. Em um instante apareceu a pouca distância uma grande massa de água, crescendo como uma montanha, que veio

O ÚLTIMO DIA DO MUNDO

espumando e vagando e se precipitou em direção à margem com tamanha impetuosidade que, embora todos nós imediatamente corrêssemos o mais rápido possível para salvar nossas vidas, muitos foram levados.[7]

Com o rio ameaçando transformar-se em um túmulo aquoso e a cidade envolta em fumaça e chamas, era impossível encontrar meios e caminhos de fuga:

Como agora o perigo parecia vir tanto da terra quanto do mar e eu não sabia para onde me retirar para me abrigar, tomei a súbita resolução de voltar, com as minhas roupas ensopadas, para a área da igreja de São Paulo. Ali permaneci por algum tempo e observei os navios virando e sendo jogados de um lado para outro, como em uma violenta tempestade. Alguns tiveram os cabos rompidos e foram carregados para o outro lado do Tejo. Outros rodopiavam com incrível rapidez, vários barcos grandes ficaram com a quilha virada para cima, e tudo isso sem nenhum vento, o que parecia muito espantoso. Foi no momento de que estou falando que o belo cais novo, todo construído em mármore bruto, a um custo enorme, foi engolido por inteiro, juntamente com todas as pessoas nele, que haviam fugido para lá em busca de segurança, e tinham motivo para achar que estavam fora de perigo em um lugar como aquele. Ao mesmo tempo, grande número de barcos e pequenas embarcações, ancorados perto do cais, todos igualmente cheios de pessoas que tinham se retirado para lá com o mesmo propósito, foi engolido como em um redemoinho, e nunca mais apareceu. [8]

Três tsunamis atingiram a ribeira do rio Tejo no Dia de Todos os Santos; eles surgiram aproximadamente às 11 da manhã, noventa minutos depois do início do terremoto, e fizeram seus estragos em menos de cinco minutos. A força das ondas era tal que afundou todos os navios com exceção dos mais descomunais; varreu armazéns repletos de mercadorias; destruiu cais; arruinou estaleiros; e afogou uma multidão incontável de pessoas. Durante muitos dias, pela superfície do Tejo, que logo recuperou sua placidez, boiaram destroços e os corpos pálidos e inchados daqueles que procuraram refúgio na margem do rio.

O rei tinha se levantado ao amanhecer do Dia de Todos os Santos. Dom José I, a rainha Maria Ana Vitória e suas quatro filhas assistiram à missa cedo na capela real no Paço da Ribeira e rezaram devidamente para todos os santos, com invocações especiais a São Jorge, patrono de Portugal. Depois da cerimônia religiosa, a família real embarcou em carruagens douradas e rumou para o oeste pela estrada que margeava o rio, com destino ao retiro real em Belém. Atrás deles seguiu um refinado e caótico séquito de clérigos, confessores, mordomos, camareiros, confidentes, damas de companhia e criados menos importantes. As princesas haviam implorado ao pai para passarem o dia da festa no campo, e o rei, um monarca apreciador de atividades bucólicas, em especial a caça, concordara alegremente. O dia parecia magnífico. As carruagens sacolejavam sobre as pedras arredondadas no caminho para Belém, a 6 quilômetros do centro da cidade. Os sinos das igrejas tocavam de todas as partes; as multidões nas ruas davam vivas, tiravam os chapéus e se inclinavam diante da passagem da procissão real. O rei, cercado por sua família amada, embora desprovida de herdeiros, estava extraordinariamente bem-humorado. Estavam atracadas no porto as frotas da Índia e do Brasil, recém-chegadas e carregadas de pimenta e fumo, ouro e pedras preciosas, açúcar e carga humana: um quinto dos rendimentos dessa carga estava destinado aos cofres reais. Parecia haver motivos de sobra para se estar alegre.

Mal o séquito real tinha se instalado na propriedade do rei em Belém quando o primeiro abalo do terremoto surpreendeu os monarcas em seus respectivos aposentos: as princesas no oratório, e cortesãos, antigos servidores, padres e criados em vários cantos do palácio. Membros da realeza, nobres, homens do clero e plebeus, todos correram como puderam – e, presume-se, com pouca deferência pela hierarquia social – em direção ao ar livre, no jardim. Houve pânico e histeria, choque e confusão, mas, espantosamente, todos saíram não apenas vivos, mas completamente ilesos. Em uma carta a sua mãe em Madri, datada de 4 de novembro, a rainha dona Maria Ana Vitória descreveu o encontro da família real com o desastre:

"Minha muito querida Mãe,*

Esta carta segue por um correio extraordinário expedido pelo Rei, que recomendou que lhe fosse enviada de imediato, antes que recebesse alguma falsa notícia que lhe causasse sofrimento.

---

* Esta e todas as outras citações neste livro extraídas de textos antigos foram adaptadas, quanto à grafia e sintaxe, para aproximá-las do padrão adotado atualmente. (N. da E.)

Estamos todos vivos e com boa saúde; mil vezes seja Deus louvado …

Sábado, às 9 horas e ¾ da manhã, sentimos o mais terrível tremor de terra; fugimos para o exterior com imensa dificuldade, pois não nos conseguíamos manter de pé. Corri pela escada árabe, onde, sem a ajuda de Deus, teria, certamente, partido a cabeça ou as pernas, pois não me conseguia segurar e estava cheia de medo, como podereis calcular, pois estava mesmo convencida de que a minha última hora tinha chegado. O Rei juntou-se a mim, mas mais tarde, pois ele fugira para o lado contrário. As minhas filhas tinham ficado no oratório, mas vieram ter conosco pouco depois. Ainda que os seus aposentos tenham ficado um pouco arruinados, elas não sofreram nada, graças a Deus, mas desde então ficamos todos alojados no grande jardim…

Lisboa ficou quase toda arrasada e houve muita gente que morreu esmagada, entre outros o pobre Perelada [embaixador espanhol em Lisboa], e para maior infelicidade o fogo tomou e consumiu uma grande parte da cidade, não tendo havido ninguém que tivesse querido regressar para apagá-lo. O nosso Palácio está parcialmente destruído e a parte que tinha restado ardeu com quase tudo que ali havia dentro; no entanto, as mulheres salvaram-se.

Perdoai-me, minha querida Mãe, por não vos relatar mais pormenores, mas o estado e a confusão não me concedem tempo para tal. Que Deus tenha piedade de nós, pois estamos salvos. Deus seja louvado, mil e mil vezes. Existem casos de enorme tragédia e a desolação é universal.

Rogo-vos, humildemente, que ore a Deus por nós, para que Ele nos continue a conceder a sua misericórdia e nos preserve...

Inclinamo-nos humildemente a vossos pés, minha querida Mãe, pedindo a Deus que vos conserve e vos proteja do infortúnio."[9]

Embora os efeitos do terremoto fossem muito menores em Belém, o rei se recusou a entrar no palácio de campo e ordenou que se armassem tendas entre os imaculados canteiros decorativos no jardim. Logo dom José I, desnorteado, estava abrigado em uma corte de barracas provisórias, acompanhado por sua família, um grupo de confessores e um número crescente de cortesãos aturdidos e, de maneira geral, ineficazes. Os padres exortavam a família real a rezar pela intercessão dos santos e rogar ao Todo-poderoso o perdão de seus pecados, mas o rei estava desconsolado e paralisado de medo. Se Deus havia aplicado uma justiça divina tão perniciosa enquanto os fiéis se dedicavam a suas devoções no Dia de Todos os Santos, o Todo-poderoso não os tinha abandonado? "Por que teria o Senhor agido assim com esta grande cidade?" Por outro lado, o rei e sua família tinham até então sobrevivido ao cataclismo, um fato que bem poderia ser interpretado como um ato da providência divina, um sinal de que dom José I estava destinado a perseverar e governar.

Perante o monumental alcance da destruição, no entanto, o rei, que tinha 40 anos de idade e era mais propenso aos tons estrondosos da ópera e à alegria da caça do que ao trabalho obstinado de governar seu reino, estava perplexo. Mensageiros chegaram durante toda a manhã, trazendo relatos cada vez mais explícitos das cenas infernais de terror e ruína, do incalculável número de mortos e da chegada do Apocalipse. Às 11 da manhã, o rei e sua corte assistiram horrorizados à investida dos tsunamis contra a praia de Belém. Alguns falavam em fugir da cidade violentamente atingida para a suposta segurança do interior ou, num movimento ainda mais audacioso, em transferir a capital para Coimbra, ao norte, ou talvez para o Rio de Janeiro. Lisboa, afinal, não existia mais. Ao mesmo tempo, os padres persistiam em suas orações; as princesas choravam sem trégua; e o rei, carrancudo e impotente, fez precisamente aquilo que nenhum monarca jamais deveria fazer: encolheu-se de medo.

Em meio a essa exibição pouco nobre de inércia e desespero, que ameaçava abandonar Lisboa à providência divina e aos quatro elementos, chegou a Belém um dos secretários de Estado do rei, Sebastião José de Carvalho e Melo, mais conhecido pela História por seu posterior título de marquês de Pombal. Levado à presença do rei, Carvalho ficou chocado com a cena de confusão e as piedosas invocações, e por ver o monarca num estado tão evidente de angústia. O diálogo que se seguiu, embora apócrifo, teve enorme significado e definiu a resposta para a crise com a precisão de um aforismo.

– O que deve ser feito para enfrentar esta imposição da justiça divina? – perguntou o rei.

– Enterrar os mortos e alimentar os vivos – respondeu Carvalho.

A declaração, ao mesmo tempo impositiva e evidentemente sensata, era exatamente o que o rei prostrado desejava ouvir. Atolado no literalismo religioso cultivado por seus confessores, dom José I de repente viu em Carvalho um enviado de Deus, um agente da providência que chegara na hora mais sombria do reino. Afinal de contas, Carvalho também sobrevivera ao abalo; de fato, sua casa na rua do Século, no Bairro Alto, onde ele residia quando o desastre ocorreu, quase não foi afetada (embora os céticos salientassem que os bordéis na rua Suja também não foram). Se, de acordo com a lógica do rei, Carvalho tinha sido poupado, era porque Deus houvera por bem fazer dele Seu instrumento e livrar Lisboa do inferno. Em uma das poucas decisões coerentes que tomou durante a crise, dom José I prontamente investiu seu ministro da autoridade para confrontar a catástrofe por quaisquer meios que ele considerasse oportunos. Carvalho se despediu do rei e da corte, embarcou em sua carruagem e se dirigiu às pressas de volta ao lugar onde antes existira Lisboa.

CAPÍTULO DOIS

ORDEM A PARTIR DO CAOS

Sua Majestade Fidelíssima, assistido pelo secretário de Estado Sebastião José de Carvalho e Melo, ministro sábio, zeloso e ativo, tomou as medidas necessárias para o socorro, alívio e segurança do povo e para o restabelecimento vantajoso de Lisboa.

Tudo foram resoluções sábias, disposições acertadas e leis santíssimas.

– Joaquim José Moreira de Mendonça,
*História universal dos terremotos... com
uma narração individual do terremoto
de 1º de novembro de 1755.*

N a verdade, Sebastião José de Carvalho e Melo era um salvador improvável. Sua família não pertencia à aristocracia, de cujas fileiras os ministros e confidentes do rei eram habitualmente recrutados, mas fazia parte dos nobres rurais, ou fidalgos, uma classe que ocupava uma posição incômoda entre a alta burguesia e a nobreza inferior. Dada a rigidez da sociedade completamente estratificada de Portugal, na qual a nobreza de sangue era muito valorizada e o destino das pessoas do povo era quase feudal, a ascensão de Carvalho ao posto de secretário de Estado era nada menos do que espantosa; ele conseguiu isso graças a uma combinação de ambição desenfreada, instinto político incomum e dois casamentos extremamente vantajosos.

O pai de Sebastião José, Manuel de Carvalho e Ataíde, ocupou um posto em um regimento da cavalaria real e se mudou para Lisboa com a esposa pouco antes do nascimento do filho, em 1699. A educação do futuro ministro, como a de seus cinco irmãos mais novos, não foi nem precária nem privilegiada, mas ele se beneficiou de uma influência totalmente extraordinária para a época. Entre 1717 e 1720, numa idade em que Sebastião José era talvez muito impressionável e, sem dúvida, refletia sobre seu futuro no mundo, a casa da família, na rua do Século, servia como local de reunião da Academia dos Ilustrados, um grupo informal de intelectuais esclarecidos e homens progressistas com consciência cívica, patrocinado pelo tio de Carvalho. Numa época em que novas ideias raramente chegavam a Portugal sem primeiro passar pelo crivo da Inquisição e de seus censores, as atividades da Academia dos Ilustrados não eram apenas excepcionais, como também perigosas. O grupo, que incluía o conde de Ericeira, futuro diretor da Academia Real de História Portuguesa, era uma espécie de fórum para o debate de muitas das revelações filosóficas, políticas e científicas que estavam ganhando terreno no norte da Europa – o método cartesiano, o despotismo esclarecido, a física newtoniana. Fora desse âmbito, essas ideias estavam completamente ausentes de Portugal, devido à censura eclesiástica e a uma mentalidade arraigada no povo em geral, que permanecia inflexivelmente medieval. Sebastião José era um observador silencioso dessas reuniões, mas elas instilaram nele um gosto pelo discurso público, uma inclinação por novas ideias e um senso de dever cívico.

Carvalho entrou na venerável Universidade de Coimbra para estudar direito e, assim, alcançar, por meio da profissão jurídica, o status vanglorioso de *noblesse de robe*, ou nobreza togada, por meio de serviço ao rei ou compra de título. Mas a universidade era um bastião do conservadorismo, de onde o humanismo, a Reforma e as descobertas revolucionárias das ciências naturais haviam sido categoricamente banidos muito tempo antes. Tendo vivido a experiência dos fóruns relativamente informais e animados da Academia dos Ilustrados, Carvalho achou sufocantes a hierarquia e a disciplina da vida acadêmica e o programa obsoleto de Coimbra, com sua ênfase no direito canônico. Os professores, por sua vez, o consideravam um aluno impetuoso, sem as devidas reservas e destituído do decoro que o direito requeria. Carvalho deixou Lisboa sem completar os estudos e se alistou no exército. A vida militar, no entanto, em especial para os soldados rasos, também não estava à altura da ambição de Carvalho; depois de um breve período, ele deixou as forças armadas com a modesta patente de soldado raso. De volta a sua Lisboa natal, Carvalho levou uma vida social intensa e se tornou membro de uma das desordeiras, porém inócuas, gangues de jovens ou "Mohocks", que vagavam pelas ruas. Ele era conhecido pela alcunha "o Carvalho", não apenas por causa de seu sobrenome mas também por sua grande estatura física. Sebastião José talvez tenha sido uma espécie de rufião, mas parece ter despertado o interesse das damas de Lisboa, e nitidamente não as da plebe. Em 1723, aos 24 anos de idade, ele fugiu para casar com Teresa de Noronha e Bourbon, uma viúva dez anos mais velha que ele e pertencente a uma das mais distintas famílias de Portugal. Para a família da noiva, a união foi um escândalo, mas para Carvalho, Teresa era, por assim dizer, um excelente partido.

O casal foi morar em uma propriedade em Soure, ao sul de Coimbra, e Carvalho, agora beneficiado por um belo dote, dedicou-se ao aristocrático estudo da história e da política. Por intermédio de um tio bem-posicionado, arcipreste da catedral patriarcal em Lisboa, Carvalho conseguiu uma audiência com o cardeal Mota, ministro do rei dom João V. Foi a primeira entrada de Carvalho nos poderosos corredores da corte e, segundo a opinião geral, ele deixou uma boa impressão. Logo depois, foi admitido como membro da Academia Real de História Portuguesa (o conde de Ericeira sem dúvida lhe ajudou nisso), e o rei o encarregou de escrever uma história dos monarcas portugueses. A história nunca apareceu, mas Carvalho se tornou uma presença ilustre na corte, tomando parte ativa em debates sobre legislação nacional e comércio internacional. Ele provou ser ao mesmo tempo persuasivo e inteligente, e parece ter deixado para trás, ao menos na aura da corte, os instintos mais voláteis de sua juventude.

Em 1739, foi enviado a Londres como ministro plenipotenciário com a expressa missão de remediar o desequilíbrio histórico de comércio que dificultava as relações comerciais de Portugal com a Inglaterra, durante séculos seu mais fiel aliado militar e mercantil. Menos de três meses depois da chegada do casal em Londres, no entanto, Teresa adoeceu e morreu, de forma súbita e inexplicável, deixando Carvalho arrasado, mas também como o único beneficiário de uma vasta herança. Ele amainou a perda pessoal dedicando-se obsessivamente às obrigações profissionais, entre outras coisas conseguindo condições mais favoráveis para os comerciantes portugueses em Londres e pondo fim à impunidade com que a frota mercante britânica agia em Portugal e em suas colônias. Os anos que Carvalho passou em Londres lhe deram uma urbanidade e um refinamento que nunca poderia ter adquirido em Lisboa. Ele negociou diretamente com o duque de Newcastle, o grande estadista do partido liberal que era na época secretário de Estado; e embora frequentasse círculos diplomáticos restritos, ele também se esforçou para ter contato com a grande comunidade de judeus portugueses exilados em Londres.

Acima de tudo, ele leu os textos de Jean-Baptiste Colbert sobre o mercantilismo, de Thomas Hobbes sobre o absolutismo, de John Locke sobre a monarquia constitucional e de Isaac Newton sobre filosofia natural. O rei dom João V o incumbiu pessoalmente de adquirir uma coleção de bíblias e tratados religiosos hebraicos, histórias dos judeus e livros sobre costumes e rituais judaicos para a biblioteca real, em Lisboa. Essa era uma solicitação macabra de um monarca que testemunhava e aprovava tacitamente o fato de judeus serem queimados em fogueiras diante do palácio real, mas dom João V era ao mesmo tempo um intolerante e um bibliófilo. O ministro cumpriu a ordem do rei.

Em 1745, Carvalho foi nomeado embaixador de Portugal em Viena. Na capital austríaca, ele conheceu sua segunda esposa, Leonara Ernestine Daun, filha do conde Leopold Joseph von Daun. Em termos de riqueza, influência e beleza, ela era um partido ainda melhor do que Teresa. A nova noiva de Carvalho era amiga da princesa austríaca que veio a se tornar a rainha Maria Ana de Portugal, e quando o rei dom João V ficou incapacitado, por senilidade, a rainha assumiu a regência. Não é de surpreender que logo se achasse uma colocação para Carvalho em Lisboa; em 1749, ele foi chamado de volta a Portugal para assumir o posto de secretário de Estado de Relações Exteriores. A nomeação de Carvalho não foi resultado da influência de sua esposa sobre a rainha, embora isso certamente tenha ajudado sua causa, mas de uma recomendação explícita de Luís da Cunha, eminente diplomata, conselheiro do rei dom José I e mentor de Carvalho. Luís da Cunha também tinha servido como ministro em Londres, e ele e Carvalho concordavam em relação à profunda necessidade de reforma social, política e econômica em Portugal. Em seu *Testamento Político*, uma longa carta ao rei sobre exigências políticas e a arte de governar, o diplomata propôs Carvalho para o cargo de secretário de Estado, com base em "um gênio paciente, especulativo e difuso que se acordava com a Nação".[1] Da nobreza empobrecida para uma das mais poderosas nomeações do reino: sem dúvida, a ascensão de Carvalho tinha sido meteórica.

Seria fácil dizer que tudo na vida de Carvalho tinha sido uma preparação para lidar com o terremoto de 1755, mas nenhuma forma de experiência de vida poderia ter preparado adequadamente alguém para tal catástrofe. Todavia, Carvalho parece ter apreciado a oportunidade de confrontar o caos do terremoto. Nada em sua competência oficial de secretário de Estado das Relações Exteriores o obrigava a assumir um papel destacado. No sentido mais profundo, ele se mostrou à altura de um desafio praticamente insuperável, exibindo as qualidades de altruísmo e audácia que são atributos indispensáveis de um herói. De fato, quem, senão um herói, desceria ao inferno com tal deliberação, sem hesitar?

Quando Carvalho se aproximou de Lisboa vindo de Belém no meio da tarde, olhou pela janela de sua carruagem e viu grandes nuvens de fumaça se elevando de cada canto da capital. Centenas de focos de incêndio, atiçados pelos ventos contínuos do nordeste, viraram uma conflagração. E o êxodo tinha começado. As ruas – ou o que restava delas – pululavam de sobreviventes, alguns seminus, cobertos de sangue e poeira, enlouquecidos e delirando, todos tentando freneticamente fugir da cidade para o campo aberto. Alguns seguravam firmemente crucifixos e ícones santificados, além de qualquer mísero objeto que tivessem conseguido resgatar dos escombros. A multidão, como é comum nas calamidades generalizadas, era, de fato, heterogênea, e compreendia as classes aristocráticas e os pobres, crianças e velhos, freiras enclausuradas e mães carregando bebês, mercadores espertos e dignitários estrangeiros, criados e seus patrões. Títulos, pedigrees, riqueza e posição social de repente tornaram-se irrelevantes. O desastre natural os juntou, como nenhuma ação humana seria capaz de fazer, em uma corrida comum pela sobrevivência. O terremoto havia se tornado um grande e incontestável nivelador. A debandada era ao mesmo tempo natural – derivando do instinto muitíssimo humano de autopreservação – e em algumas ocasiões completamente vergonhosa. Entre os fugitivos encontravam-se soldados e oficiais que tinham abandonado seus postos, clérigos que viraram as costas a seus rebanhos e homens ilesos bastante fortes mas pouco dispostos a empreender um esforço de resgate, combater o fogo ou mesmo providenciar socorro para os feridos e moribundos. Alguns dos que estavam feridos demais para se mexer ou soterrados debaixo dos escombros foram abandonados à própria sorte e à invasão das chamas. O êxodo se agravou por causa de um boato, que não deixava de ter fundamento, de que logo o fogo iria envolver o castelo de São Jorge, incendiar o paiol de pólvora e causar uma explosão que para Lisboa seria um golpe final. E para piorar o pandemônio havia ainda os persistentes tremores que continuaram a chacoalhar a cidade ao longo do dia. Para muitos, a fuga parecia o único caminho sensato.

Mas nem todos estavam abandonando a cidade, não ainda. Centenas de criminosos comuns, desertores do exército* e escravos tinham fugido através de brechas que o terremoto abrira nos edifícios da Cadeia do Limoeiro e da Cadeia da Galé, e alguns se puseram prontamente a pilhar, incendiar e assassinar. As igrejas, casas particulares e lojas que permaneceram de pé foram assaltadas por gangues de saqueadores em busca de moedas e tesouros. Relatos de testemunhas descrevem cenas de criminalidade bruta, mas também de bravura. A experiência de um comerciante de Lisboa foi significativa:

---

* Sete anos depois do fim da Guerra de Sucessão Austríaca (1740-1748), desertores do exército, principalmente franceses e espanhóis, ainda estavam definhando nas prisões de Portugal.

Nem bem cessou o tremor, um bando de vilões implacáveis começou a saquear as casas que tinham sido abandonadas, porque os habitantes tinham fugido não se sabia para onde, com medo de que as construções caíssem em suas cabeças; o mais rápido possível, ordenou-se a guardas encarregados que pegassem os saqueadores e atirassem neles em caso de resistência. Aconteceu de eu estar passando quando os policiais entravam em uma casa para pegar um bando, que estava roubando tudo o que as suas mãos eram capazes de carregar; os ladrões estavam assustados com a aproximação dos guardas e um deles, chegando à janela de um quarto, apontou uma espécie de bacamarte, jurou veementemente que a primeira pessoa que se atrevesse a entrar era imediatamente um homem morto. Há, ele dizia, dez de nós, todos corajosos como eu. Portanto, senhores, os aconselho a sair depressa, por amor a vocês. Isso sem dúvida pareceu ser apenas um artifício, porque os guardas, nem um pouco intimidados com suas ameaças, entraram na casa e conseguiram pegá-lo, mas ele resistiu ferozmente, colocando-se em um canto onde era impossível mais de um por vez atacá-lo. Matou um dos policiais e feriu o outro no peito com gravidade. O terceiro, no entanto, o desarmou e ele foi imediatamente detido, enviado à prisão e executado no dia seguinte.[2]

Logo ficou tragicamente claro para Carvalho que ele teria muito mais a fazer do que simplesmente "enterrar os mortos e alimentar os vivos". A destruição de Lisboa tinha proporções bíblicas, e as perdas humanas e o sofrimento superavam qualquer estimativa. O fogo se espalhava livre e desimpedido e havia pouca esperança de qualquer medida eficaz contra ele, porque a cidade não dispunha de uma brigada de incêndio apropriada e os cidadãos que costumeiramente conduziam o combate às chamas estavam todos em fuga. Com exceção das mais largas, todas as ruas estavam obstruídas por escombros, e o entulho nas ruelas, passagens e escadas labirínticas de alguns dos bairros mais antigos da cidade era tanto que formava uma barreira impenetrável. Aqueles que optaram por permanecer nas áreas menos devastadas da cidade para proteger suas casas e seus negócios estavam à mercê da multidão.

Antes de poder fazer alguma coisa para organizar estoques de comida para os sobreviventes ou providenciar os enterros das incontáveis milhares de vítimas, Carvalho precisava estabelecer a ordem. Ele determinou que o marquês de Abrantes, comandante da guarnição real, mobilizasse suas tropas da melhor maneira possível. Foram mandados soldados para combater o fogo, tentar resgatar os que estavam enterrados debaixo dos escombros e montar guarda em todas as propriedades reais,* palácios privados, a Catedral da Sé, os conventos e as igrejas mais suntuosos, a Casa da Moeda (onde estava estocado o ouro em barra do Brasil), a Coletoria e as principais casas de comércio, em suma, qualquer lugar onde se sabia que havia dinheiro ou butim. As tropas, contudo, eram insuficientes, e a pilhagem continuou por dias. Foram chamados reforços, e regimentos de infantaria de Peniche, Elvas e Olivença e soldados de cavalaria de Évora convergiram para Lisboa para

---

* Afora o Paço da Ribeira, à beira do rio Tejo, e a Quinta Real de Belém, a família real também possuía o Palácio Corte-Real, a Quinta de Alcântara, o Paço da Bemposta, o Paço de Alcáçova e o Palácio das Necessidades.

impor uma justiça brutal, embora necessária. Por um decreto real, Carvalho estabeleceu um julgamento verbal rápido e execução sumária para qualquer um que fosse apanhado saqueando. Seis novos patíbulos para enforcamento foram erguidos (especialmente altos, especificou-se) nas praças de maior trânsito, e os condenados ficavam pendurados por muitos dias como um exemplo inequívoco do destino dos ladrões. Naturalmente houve abusos, e os estrangeiros, em particular, se revelaram bodes expiatórios fáceis. A maioria dos executados por decreto era de desertores franceses e espanhóis, mas cinco irlandeses também foram enforcados, bem como um grupo de marinheiros ingleses que havia saqueado o palácio real e a capela, e um escravo mouro que confessou ter ateado fogo em sete lugares da cidade. Um punhado de criminosos comuns portugueses teve o mesmo fim (entre eles o assassino que carregava um bacamarte, que o mercador descreveu). O efeito da justiça dos patíbulos foi imediato: "Cessou com brevidade o escândalo de tantos roubos", escreveu Joaquim José Moreira de Mendonça, cronista português e funcionário dos arquivos nacionais que sobreviveu ao terremoto.[3]

Quando os regimentos portugueses seguiram para Lisboa, Carvalho lhes ordenou que reunissem todos os homens capazes em meio às multidões em fuga e os conduzissem de volta à capital para trabalhar no resgate e na reconstrução. A cidade precisava de todo e qualquer homem disponível para resgatar os mortos das ruínas, tirar os entulhos das ruas e construir abrigos provisórios para os milhares de desabrigados que estavam vivendo em barracas provisórias, em carroças destroçadas e ao ar livre. Convencer pessoas em pânico a voltar a uma cidade devastada e em chamas, de onde escaparam por pouco, não era tarefa fácil; não fosse pelo imperativo da espada e da baioneta, poucos teriam por livre

O ÚLTIMO DIA DO MUNDO 53

e espontânea vontade arriscado a vida por Lisboa. Com o tempo, talvez a cidade tivesse sido totalmente abandonada e a capital fosse transferida para Coimbra, Évora, Porto ou, até mesmo, a amena cidade do Rio de Janeiro.*

À medida que Carvalho penetrava na Lisboa arruinada (em sua carruagem quando as ruas permitiam, a pé quando necessário), descobria, com grande alívio, que não estava sozinho na batalha para salvar a cidade. Embora a debandada de cidadãos em pânico fosse geral, uns poucos determinados permaneceram para confrontar o caos. Houve párocos que se juntaram lealmente a seu rebanho para dar alívio, absolvição, últimos sacramentos e, quando possível, a dignidade de um enterro cristão no adro. Monsenhor Sampaio, da Catedral da Sé, que sofreu sérios danos, resgatou milhares dos entulhos e enterrou pessoalmente dezenas de vítimas. Muitos daqueles cujas casas e palácios permaneciam habitáveis abriram as portas aos feridos e aos desabrigados. Em uma demonstração muito necessária de determinação real, os filhos ilegítimos de dom João V, os príncipes José e Gaspar, construíram um abrigo provisório nos esplêndidos saguões do Palácio de Palhavã. Estrangeiros, especialmente os britânicos, sempre imperturbáveis diante de uma crise, também se uniram no socorro tanto aos compatriotas quanto aos nativos. Abraham Castres, o enviado extraordinário do governo britânico para Portugal, viu-se administrando um acampamento inteiro em sua casa e em seu jardim na rua de Santa Marta, no verdejante limite norte da cidade. Em carta a sir Thomas Robinson, secretário de Estado britânico e líder da Câmara dos Comuns, Castres descreveu assim seu cenário doméstico:

---

* Quando os exércitos de Napoleão invadiram Portugal, em 1807, a família real e a corte realmente se mudaram para o Rio de Janeiro.

Deus seja louvado, minha casa sobreviveu aos abalos, embora muito danificada; e o fato de estar fora do alcance das chamas fez com que vários de meus amigos, que tiveram suas casas queimadas, viessem se refugiar comigo, onde eu os acomodei, tão bem quanto pude, debaixo de tendas em meu amplo jardim; ... os que estão comigo agora são o ministro da Holanda, sua senhora e seus três filhos, com sete ou oito de seus criados. O resto de minha companhia, da melhor espécie, consiste em vários comerciantes desta feitoria, os quais, na maior parte, perderam tudo o que tinham; ... não posso ainda dizer o número certo de mortos e feridos; neste aspecto, nossa pobre feitoria se saiu muito bem, considerando o número de casas que temos aqui.

Perdi meu bom e valioso amigo, o embaixador da Espanha, que ficou esmagado debaixo de sua porta quando tentava fugir para a rua. Isso, juntamente com a angústia que tenho sentido... ocasionada pelos relatos desoladores trazidos até nós a cada instante, de acidentes com um ou mais conhecidos entre a nobreza, na maior parte muito feridos, me afetou imensamente; mas, em particular, os miseráveis entre a espécie mais inferior dos súditos de sua majestade, todos voam para cima de mim pedindo pão e se espalham por todos os lados em meu jardim, com suas esposas e seus filhos. Eu os ajudei até agora e vou continuar a fazer isso enquanto as provisões não faltarem, o que espero não seja o caso, pelas boas ordens que o sr. de Carvalho emitiu a esse respeito.[4]

O ÚLTIMO DIA DO MUNDO 55

As "boas ordens" a que Castres se referiu foram cruciais para evitar o espectro da fome ou, o que seria apenas um pouco menos terrível, brigas selvagens por comida entre os sobreviventes. Em colaboração com o marquês de Alegrete, presidente do Senado da Câmara, ou Senado da Cidade (outro dos poucos valentes que se recusaram a abandonar a capital), Carvalho ordenou o estabelecimento de pontos de distribuição de comida nas praças do Terreiro do Paço e da Ribeira, onde mantimentos que escaparam ilesos das chamas, peixe do Tejo e comestíveis de aldeias distantes foram recolhidos pela guarda armada e distribuídos de forma equitativa. Por toda a cidade, foram instaladas às pressas cozinhas de campanha e fornos de pão ao ar livre. Os capitães dos navios receberam ordens para entregar quaisquer alimentos que excedessem as necessidades imediatas de suas tripulações, e os navios que chegavam com cargas de grãos, peixes e carne foram obrigados a vender sua mercadoria com isenção de taxas. E em uma tentativa de frear a exploração, os donos de loja foram obrigados a cobrar os preços que vigoravam antes do desastre; aqueles que desobedeciam acabavam em grupos de trabalho forçado, limpando os entulhos. "Com estas sábias providências", escreveu Moreira de Mendonça, "não houve em parte alguma fome, como se temia nos primeiros dias".[5]

O medo que consumiu toda a Lisboa nos primeiros dias foi o de uma irrupção da peste. Havia milhares de corpos empilhados nas ruas e a cada hora mais cadáveres eram resgatados dos escombros. O fedor era medonho. Mas o incêndio, que continuou por boa parte da semana, proporcionou um terrível paradoxo; à medida que as chamas consumiam tudo em seu caminho largo, incineraram inúmeros cadáveres em decomposição e, assim, ajudaram a evitar uma epidemia. Para as pobres almas enterradas vivas debaixo dos escombros, o fogo significou um fim particularmente macabro. Mas a remoção dos mortos restantes levantou uma questão delicada de hábitos religiosos. O ritual cristão de enterro em campo santo era praticamente impossível de ser cumprido, dada a quantidade total de corpos acumulados. Além disso, o processo era muito lento. Carvalho requereu do patriarca, José Cardinal Manuel da Câmara d'Atalaia, permissão para abrir mão da prática tradicional e sem demora sepultar os mortos no mar. O patriarca sabiamente deu sua permissão e, a partir de 3 de novembro, barcaças, carregadas com mortos até o topo das amuradas, seguiram pelo Tejo rumo ao mar aberto, onde mergulharam a carga em um túmulo aquático.

O destino dos mortos não foi a única questão da qual o ministro tratou com o patriarca. Para Carvalho, era igualmente preocupante e sempre mais irritante a pregação ininterrupta da destruição apocalíptica feita pelos clérigos mais fanáticos. Desde os primeiros momentos após o terremoto, muitos padres haviam exortado os sobreviventes a se arrependerem de seus pecados, que supostamente tinham causado o cataclismo, e a abandonarem a amaldiçoada Lisboa antes que Deus lançasse Sua ira uma vez mais, como certamente Ele faria. Os sermões febris contribuíram significativamente para a debandada das multidões e impediram o retorno de habitantes que seriam essenciais à recuperação. Carvalho queria que esses fanáticos fossem silenciados, mas era rejeitado com firmeza, embora educadamente. O poder da Igreja em Portugal era tal que, em um conflito entre as autoridades real e a eclesiástica, o patriarca não se sentia obrigado a atender ao ministro do rei. Ele não repreenderia os padres. Foi uma lição sobre prioridades mal estabelecidas que Carvalho não esqueceria tão cedo.

O ÚLTIMO DIA DO MUNDO 57

A frustração de Carvalho com o fanatismo religioso que mantinha os sobreviventes concentrados em súplicas de arrependimento e meditações espirituais, e não em salvação e renovação, era inteiramente compreensível, mas a relutância dos refugiados em se aventurar de volta para a cidade não era difícil de entender; a grande maioria deles não tinha um lugar para onde voltar. Por toda parte surgiram acampamentos de tendas em pomares e vinhas, em terras de mosteiros e propriedades privadas e na periferia das aldeias ao redor. Havia um mar de refugiados desnorteados, sem posses e completamente inseguros quanto ao que o futuro lhes reservava. Nem mesmo a família real havia abandonado suas tendas em Belém. Em 5 de novembro, Abraham Castres teve uma audiência real na morada improvisada do rei:

> Estando as estradas, nos primeiros dias, impraticáveis, apenas ontem tive a honra, juntamente com o sr. de la Calmette, de visitar o rei de Portugal e toda a família real, em Bellem [sic], a quem encontramos acampados, nenhum dos palácios reais estando em condições para abrigá-los. Apesar de a perda que sua majestade sofreu nesta ocasião ser imensa, e embora a capital esteja completamente destruída, ele nos recebeu com mais serenidade do que esperávamos; e, entre outras coisas, disse-nos que devia agradecer muito à providência por salvar a sua vida e a de sua família; e que estava muitíssimo contente por nos ver ambos a salvo. A rainha, em seu próprio nome e no de todas as jovens princesas, mandou-nos dizer que agradeciam por nossa atenção, mas que, estando debaixo das tendas e com roupas inadequadas para aparecer, desejavam que no momento

as desculpássemos por não receber nossos cumprimentos pessoalmente.[6]

O rei estava inclinado a abandonar Lisboa e a mudar a corte e a capital para Coimbra. A vida em barracas, afinal de contas, estava se tornando problemática; a rainha e as princesas estavam isoladas e tristes; e os confessores reais pareciam concordar com o fato de que a destruição de Lisboa era inteiramente providencial, como a de Nínive ou a de Jericó, e igualmente irremediável. Que o rei abandonasse a capital e seus súditos desesperados na hora da necessidade teria sido, no entanto, corretamente interpretado como covardia, se não traição, e Carvalho delicadamente explicou isso ao rei. Uma partida real precipitada, o ministro também ressaltou, exporia o reino a potências estrangeiras que tinham planos de tomar Portugal, especificamente a Espanha, e aos piratas impiedosos que com prazer saqueariam a cidade. Além disso, o país perderia seu principal porto, a confiança dos aliados estrangeiros e a dos mercadores, e possivelmente também seu vasto e rico império colonial. Dom José I, obviamente, concordou em ficar. Se o rei tivesse partido, é claro, o poder de Carvalho teria sido muito reduzido, porque era em nome dele que o ministro conseguia promulgar os decretos e exercer a autoridade para lidar com a crise. Lisboa precisava de Carvalho, e este precisava do rei em Lisboa.

Em 6 de novembro, a *Gazeta de Lisboa* publicou um relato propositalmente curto, aprovado por Carvalho, que resumia o que talvez fosse o maior desastre natural que já castigara a Europa: "O dia primeiro do corrente será lembrado durante séculos pelos terremotos e incêndios que arruinaram grande parte desta cidade, mas tivemos a sorte de recuperar das ruínas os cofres da Fazenda Real e da maior parte daqueles pertencentes a particulares." Nada mais dizia; nenhuma palavra sobre o alarmantemente alto, embora ainda não calculado, número de mortos, o sofrimento dos feridos, as dificuldades dos sobreviventes ou a extensão das perdas materiais. Era uma peça de propaganda suavizada, com a intenção de acalmar os nervos frágeis dos habitantes e inspirar alguma confiança.

À medida que os esforços de Carvalho puseram fim à desordem (os patíbulos permaneceriam de pé por muitos meses depois do desastre), deram destino aos mortos, disponibilizaram comida e mantiveram a peste afastada, os residentes de Lisboa, abalados porém resignados, lentamente reconstruíram suas vidas, destruídas de forma tão brutal e repentina pelo terremoto. Os cultos religiosos foram retomados em meio às ruínas de igrejas, conventos e mosteiros. Mercadores, padres e famílias revolveram os entulhos e as cinzas para salvar o que podiam de seus estoques, relíquias, objetos pessoais e moedas.* Com o tempo, as velas de lona que tinham sido amplamente usadas para erguer tendas para os refugiados foram substituídas por madeira de construção, em geral obtida no estaleiro Ribeira das Naus, para construir abrigos e cabanas, alguns deles realmente grandiosos. Embora a casa de Carvalho na rua do Século fosse perfeitamente habitável, pelo bem da proximidade com a realeza, o ministro mandou construir uma cabana de madeira para seu uso, perto do reduto do rei em Belém. "A [cabana] do secretário de Estado Sebastião José de Carvalho e Melo poderia servir de palácio, como as de muitos outros senhores, o que mostra que a ruína foi grande, mas

---

* Por muitos anos depois do desastre, a prata e as moedas de ouro usadas nas transações de negócios eram classificadas como limpas ou enegrecidas, estas últimas por causa dos efeitos carbonizadores do fogo.

sua magnificência indica a grandeza das pessoas que nelas vivem", observou o padre Manuel Portal, da Congregação do Oratório.[7] Naturalmente, as novas acomodações para o povo eram bem menos pomposas – de fato, nada mais eram do que palhoças sem nenhum conforto. A maioria dos refugiados nem tinha alternativa. Carvalho proibiu qualquer nova construção de pedra até que todos os entulhos tivessem sido retirados e fossem redigidos um novo código de normas construtivas e um plano urbano. O processo monumental de reforma seria dolorosamente lento e não desprovido de obstáculos administrativos, econômicos e inspirados pela Igreja, mas a maior parte dos sobreviventes sabia que tinha sido afortunada por escapar com vida da tragédia. Poucas famílias deixaram de sofrer com a morte de algum parente; algumas foram inteiramente mortas. Ser um sobrevivente em Lisboa significava ser, como o rei, abençoado pela Providência. Mas os sobreviventes tiveram pouca paz; tremores contínuos deixavam o povo em estado de ansiedade constante. Nas semanas seguintes ao abalo, dezenas de tremores secundários com graus variados de violência sacudiram a cidade e outras centenas foram relatadas na primeira metade de 1756. "Será que sua Terra nunca vai se aquietar?", perguntou sir Benjamin Keene, embaixador inglês em Madri, em carta a Abraham Castres, datada de 31 de julho de 1756.[8] Ninguém tinha como saber.

Com o passar dos dias e das semanas, carruagens e navios traziam notícias sobre os efeitos do terremoto em outros lugares, e a cidade compreendeu que estava longe de ser a única a sofrer. Afinal, Deus não havia escolhido Lisboa como fonte exclusiva e único receptáculo de sua ira. A destruição tinha sido extensa, internacional, até mesmo intercontinental. Setúbal, localizada exatamente ao sul de Lisboa, e Cascais, a oeste, tinham sido devastadas pelo terremoto e destruídas pelos tsunamis. No lado ocidental da costa do Algarve, a destruição era quase total. "Arruinou completamente esta cidade de Faro", escreveu o bispo do Algarve, "a de Lagos, a de Silves, a Vila de Loulé, a de Albufeira, a do Bispo, Vila Nova de Portimão, Boliqueime; mas sobretudo Lagos e Albufeira, que como entrou o mar com a fúria infernal levou o que restava das ruínas do terremoto".[9] Uma única construção permaneceu de pé em Lagos, e Boliqueime foi tão arrasada que os sobreviventes foram construir uma nova cidade em um local próximo. Na cidade espanhola de Cádiz e em cidades costeiras, como Sanlúcar, os efeitos do terremoto foram menores, mas os dos tsunamis foram devastadores, e centenas se afogaram.

Do outro lado do estreito de Gibraltar, as ondas castigaram a costa marroquina, de Tânger a Agadir, e no interior o abalo causou danos sérios a Meknès e Fez, derrubando minaretes e cidadelas, muros de cidade e aquedutos, e a maioria das casas de tijolo de barro. O número de mortos atingiu a casa dos milhares. Perto da cidade de Meknès, "a terra tragou uma aldeia, com todas as suas choças, gentes, cavalos, camelos, mulas, vacas e mais gado... 5 mil pessoas... e 6 mil soldados a cavalo, que estavam aquartelados, sem que de uns nem outros escapasse algum", escreveu o padre custódio do Mosteiro Real de Meknès.*[10] Tremores decorrentes dos terremotos foram sentidos ao longo de uma impressionante e vasta extensão da Europa, de Madri a Lyon e Estrasburgo, à Normandia e à Bretanha, à Suíça e ao norte da Itália. O sul da Inglaterra registrou os abalos e relatou que ondas excessivamente altas atingiram o porto de

---

* Há dúvidas quanto a se o dano em Meknès e Fez se deveu ao terremoto de 1º de novembro ou aos abalos subsequentes, registrados em 18 e 27 de novembro.

Londres. Até na Escócia e na Escandinávia notou-se que vias navegáveis distantes dos litorais se elevaram e caíram abruptamente. Nas estações termais de Teplitz, na Boêmia, as águas salubres de repente se tornaram turvas de lama. Quanto aos tsunamis, eles rolaram através do Atlântico e alcançaram o Caribe ao anoitecer, causando graves danos e vítimas numerosas, especialmente em Barbados e na Martinica.

Apesar da extensão geográfica do terremoto, era por Lisboa que o mundo "civilizado" iria chorar. Houvera um terremoto devastador em Catânia, na Sicília, em 1693, em que 18 mil pessoas morreram; outro em Lima, no Peru, em 1746; e mais outro em Porto Príncipe, no Haiti, em 1751, mas esses lugares eram remotos e, ao menos para a consciência coletiva da Europa do século XVIII, pouco importantes. Lisboa, ao contrário, era uma capital próspera, o terceiro porto mais movimentado da Europa, atrás apenas de Amsterdã e Londres, e o centro administrativo do poder de um império cujos vastos territórios, embora espalhados, se estendiam do Brasil ao Extremo Oriente. A monarquia portuguesa tinha ligações dinásticas difusas com a Espanha, a Áustria, a França e a Inglaterra. E, é claro, havia interesses comerciais vitais a considerar. Mercadores e comerciantes da Grã-Bretanha, dos Países Baixos, de Hamburgo, da Espanha, da França, dos Estados italianos, do Báltico e da Escandinávia, entre outros, tinham, todos eles, dinheiro, mercadorias e propriedades na cidade. Fechar os olhos ou os ouvidos para a difícil situação de Lisboa estava fora de questão.

O rei Jorge II da Grã-Bretanha soube do desastre por seu embaixador em Madri, sir Benjamin Keene, mas foi durante uma audiência particular com emissários portugueses em Londres, no fim de novembro, que o rei tomou

O ÚLTIMO DIA DO MUNDO

conhecimento de detalhes exatos, embora diplomáticos, do alcance assustador da destruição. Apesar de sua reputação de governante sovina (ele tinha o maior prazer, diziam, em contar seu dinheiro moeda por moeda, e economizava seus rendimentos com a meticulosidade de um guarda-livros), Jorge II foi estranhamente tomado pela generosidade e enviou de imediato uma petição para a Câmara dos Comuns: "Movido pela maior preocupação com um aliado tão bom e fiel como é o rei de Portugal", escreveu Jorge II, "e com extrema compaixão pelos sofrimentos a que essa cidade e esse reino devem estar reduzidos, ele deseja ser autorizado, pela Câmara dos Comuns, a enviar o auxílio rápido e efetivo adequado a uma exigência tão tocante e urgente".[11] Os membros da Câmara dos Comuns, numa atitude que muito os honrou, votaram unanimemente a favor da ajuda, e em 29 de novembro o tesouro destinou a então impressionante soma de 100 mil libras, metade em ouro e prata, metade em alimentos e materiais. Ironicamente, grande parte do ouro era português, a mesma moeda que o país usava para pagar seu habitual déficit comercial com a Inglaterra.* O restante da ajuda, transportada em seis navios, consistia em 6 mil tonéis de carne bovina, 4 mil barriletes de manteiga, 5 mil quilos de farinha e o mesmo tanto de trigo, mil sacas de biscoito, 1.200 sacas de arroz, e sapatos, picaretas, pás, enxadas e pés de cabra, no valor de 16 mil libras esterlinas.

Embora a Grã-Bretanha fosse, sem dúvida, a mais generosa e rápida no oferecimento de auxílio, não foi a única a demonstrar benevolência. Apesar da inimizade tradicional entre Portugal e seu vizinho ibérico maior, mais populoso

---

* As moedas de ouro portuguesas, trazendo a efígie do rei dom João V, eram comuns e muito apreciadas como forma de pagamento por toda a Grã-Bretanha.

e mais poderoso, a Espanha passou por cima das diferenças históricas e enviou auxílio sob a forma pomposa de quatro carroças cheias de ouro. (Motivos familiares, deve-se notar, também estavam envolvidos, porque o rei Fernando VI da Espanha era casado com a princesa Maria Bárbara, irmã do rei dom José). A cidade de Hamburgo foi mais prática e mandou quatro navios carregados de madeira e roupas.

Também houve, no entanto, exceções notáveis. Em Versalhes, a corte parece ter visto o desastre como fonte de mórbida diversão. O sr. de Baschi, que era cunhado de *madame* de Pompadour e embaixador da França em Portugal, sobreviveu ao abalo e, quando de seu retorno a Versalhes, entreteve a corte com seu depoimento de testemunha ocular. Evidentemente, o relato de Baschi sobre a morte do embaixador da Espanha, conde de Perelada, fez sua audiência cair na gargalhada; o destino de Perelada foi ser esmagado pelo brasão da Espanha, que coroava o pórtico de sua embaixada, quando tentava escapar durante o terremoto. Na verdade, Luís XV havia instruído seu embaixador em Lisboa a informar aos portugueses de sua disposição para ajudar, mas a oferta indiferente não resultou em nada. Tampouco os holandeses provaram ser caridosos, embora por razões completamente diferentes. Para os severos clérigos holandeses calvinistas, o terremoto de Lisboa era uma resposta justa do Deus vivo à predileção de Portugal por superstição, devoção a imagens e papismo. Assim, a República das Sete Províncias Unidas dos Países Baixos não enviou nada.

Todavia, a ajuda que Portugal recebeu de fora foi considerável e completamente sem precedentes. Nunca um desastre natural tinha inspirado tanto auxílio internacional, nem o Grande Incêndio de Londres de 1666, por exemplo, nem a trágica enchente que praticamente deixou debaixo d'água os Países Baixos em 1565. Por orgulho nacional e um zeloso senso de soberania, a ideia de ajuda estrangeira antes teria sido impensável. Em 1755, no entanto, alianças políticas e militares, interesses comerciais mútuos e melhorias nas viagens e nas comunicações tinham tornado os Estados da Europa cada vez mais interdependentes, e o terremoto de Lisboa suscitou uma compaixão coletiva, embora não universal. Ninguém ficou mais surpreso com essa reação do que os portugueses. Logo antes do Natal, Abraham Castres deu notícia da generosidade britânica ao rei dom José I e à rainha dona Maria Ana, ainda acampados em Belém. "Os semblantes e o tom de suas vozes mostraram a emoção em seus corações", escreveu Castres, "e o quanto eles estavam tocados com esse sinal da atenção e da compaixão de Sua Majestade pela aflição de seus súditos". Depois da audiência real, Castres se viu rodeado por nobres e cortesãos que expressaram "sua mais grata surpresa em saber que eu não havia sido encarregado apenas de cumprimentos vazios, mas também de semelhantes provas de grandeza e dignidade reais, que iriam conferir honra eterna tanto ao nosso bondoso soberano quanto a toda a nação britânica. Recebi muitas declarações cordiais desse tipo de pessoas de todas as classes".[12]

Os navios britânicos de auxílio, que zarparam de Portsmouth e Dublin (os estoques de comida eram na maior parte irlandeses), atrasaram meses, por causa dos mares agitados e dos ventos contrários, mas quando finalmente chegaram a Lisboa, Carvalho insistiu para que os moradores britânicos da cidade fossem os primeiros a se beneficiar da ajuda. "As disposições eram realmente de fazer a distribuição da carne e da manteiga entre os pobres", relatou Castres, "mas esta corte insistiu em que os nossos fossem os primeiros a ser servidos, o que, disse o sr. Carvalho, era uma atitude que eles estavam obrigados a tomar, por gratidão e decência".[13]

CAPÍTULO TRÊS

FAZENDO O INVENTÁRIO

Não digo a quantia certa dos mortos nesse edifício, porque estou esperando de Angola um búzio bom nadador, para mandar lá abaixo, ainda que me custe alguma coisa, para saber se também posso saber a conta de trezentos ou quatrocentos, e mandar a Vossa Mercê esta certeza.

– José Acúrsio de Tavares, fevereiro de 1756

Nenhuma soma de ajuda caridosa ou compaixão genuína poderia compensar o que Lisboa havia irremediavelmente perdido. O número de vítimas por si só era imenso e em grande parte incalculável. Os registros de nascimentos e mortes poderiam ter fornecido um censo razoavelmente exato, mas o fogo tinha consumido muitos arquivos nas igrejas paroquiais. Tampouco poderia haver uma contagem apropriada daqueles que haviam fugido da cidade e nunca voltaram ou de muitas das vítimas dos tsunamis que foram simplesmente varridas pelas ondas, ou daqueles reduzidos a cinzas pelo fogo. As mortes aumentavam na medida em que muitas das pessoas gravemente feridas não conseguiam se recuperar dos ferimentos. Discutiu-se por muito tempo o número exato de pessoas que se perdeu no desastre e é praticamente impossível verificar qualquer cálculo preciso. A estimativa original logo depois do terremoto era de cerca de 100 mil mortos, quase metade da população da cidade, mas esse número logo foi contestado por fontes contemporâneas por ser muito exagerado. Provavelmente um quarto desse número perdeu a vida, embora muitos observadores, como o padre Manuel Portal, insistissem em que "na estimativa das pessoas prudentes e entendidas, que não se levam pela voz do povo, seria o número de 12 até 15 mil".[1]

Mas mesmo as estimativas moderadas de 10 mil vítimas são bastante assustadoras. Em questão de dias, Lisboa perdeu aproximadamente dez por cento de seus 250 mil habitantes; a cidade foi literalmente dizimada. E embora uma proporção considerável de mortos fosse constituída pelos pobres de Lisboa, cujos casebres frágeis resistiram menos aos abalos, o terremoto, por natureza, não fazia distinção. Dentro da grande comunidade religiosa da cidade, 204 membros morreram, inclusive 63 freiras da ordem de Santa Clara, tendo sido a igreja e o convento completamente arrasados. Aqueles que assistiam fielmente à missa talvez tenham sido os mais atingidos. Seiscentos ficaram enterrados entre as ruínas do convento franciscano; quatrocentos se perderam na Igreja da Santa Trindade; trezentos foram esmagados no Convento de Nossa Senhora da Penha de França; e 137 arderam até a morte na Catedral da Sé. Todos tiveram o consolo de morrer em solo santificado.

Apenas um pequeno número de vítimas veio das alas nobres da cidade, mas entre estes estavam Maria da Graça de Castro, marquesa de Louriçal, e Manuel Varejão de Távora, inquisidor de Lisboa, membros de duas das mais proeminentes famílias aristocráticas do país.* O ministro das Finanças pereceu, assim como o secretário da Guerra. Especialmente trágica foi a morte pelo fogo dos quatrocentos internados no Hospital de Todos os Santos. Dos 67 britânicos que perderam a vida, inclusive 49 mulheres, Abraham Castres achou

---

* O baixo número de vítimas entre os nobres pode ser explicado, ao menos em parte, pelo fato de que a maioria assistia à missa em suas capelas particulares, geralmente no confortável horário das onze horas da manhã. Abrigados em palácios fortes, eles não foram apanhados na rua ou no meio da multidão quando o abalo veio.

O ÚLTIMO DIA DO MUNDO

apropriado distinguir as vítimas: "Entre as nações britânica e irlandesa juntas, embora esta última fosse extremamente numerosa, sobretudo no que se refere às classes mais pobres, não fui informado de mais do que sessenta perdidos, a maioria dos quais tão obscuros que ninguém além dos frades irlandeses os conhecia."[2] Evidentemente, algumas mortes foram mais lamentadas que outras. Giles Vincent, comerciante e membro da Feitoria Britânica, foi homenageado com um poema intitulado "Occasioned by the Death of Mr. G. Vincent, in the late most Dreadful Calamity in Lisbon" ("Por ocasião da morte do sr. G. Vincent, na última e muitíssimo terrível Calamidade em Lisboa"), publicado em *The Gentleman's Magazine* em fevereiro de 1813:

Jovem desafortunado! que pecado pode ser teu crime?
Para seres assim levado na plenitude de teu vigor,
De pais, de amigos, – que agora sem cessar lamentam
Teu cruel destino – pela morte impiedosamente dilacerado.
Mas não presumamos conhecer os caminhos de Deus,
Cujas obras são sempre justas – embora a causa seja ocultada do homem.[3]

Um pequeno número de outros residentes estrangeiros e visitantes, entre eles alemães, holandeses, espanhóis (inclusive o embaixador) e italianos, também encontrou a morte em Lisboa. Mas um dado foi completamente negligenciado pelo recenseamento comum e pelos livros de História: o número incalculável de escravos africanos que morreram na Cadeia da Galé e nas casas e nos palácios de seus senhores. Mais de oitenta criminosos e ladrões foram sumariamente enforcados nos patíbulos, mas eles foram mais vítimas do terremoto do que de sua própria avareza e apetite.

A destruição material de Lisboa não tinha precedentes na história europeia: nem os incêndios de Roma ou Londres, nem a pilhagem de Cartago ou Constantinopla, para citar alguns paradigmas de ruína, chegaram perto da totalidade do cataclismo. Apenas a extinção de Pompeia era comparável à violência do terremoto, mas esse acontecimento estava muito distante no tempo e indeterminado no espaço.* Não era de admirar, então, que fosse à ruína bíblica que os contemporâneos do terremoto de Lisboa se referissem quando tentavam evocar a escala da destruição. Lisboa podia ser de fato comparada com Jericó, Babilônia, Nínive e Sodoma e Gomorra.

Infelizmente, a área de Lisboa mais atingida tanto pelo terremoto como pelo fogo também era a mais populosa e a mais próspera da cidade, abrigando suas mais importantes instituições políticas, econômicas, eclesiásticas e comerciais. A área se estendia do Morro do Castelo, a leste, à rua do Século a oeste, e da margem do Tejo até um ponto a quase 2 quilômetros para dentro do continente. Nesse núcleo ficavam o Paço da Ribeira, à beira d'água, a Alfândega, repartições de governo, os tribunais públicos, a Casa da Índia, a Casa da Moeda, a Catedral da Sé, dezenas de igrejas e conventos, o mercado central, o estaleiro Ribeira das Naus, a nova Casa da Ópera, a sede da Inquisição, o Hospital de Todos os Santos, o Terreiro do Paço, a praça do Rossio e todo o bairro da Baixa, onde a maior parte dos comerciantes de Lisboa e dos negociantes tinha lojas e armazéns. Dessas

---

* Graças a Plínio, o Jovem, uma descrição detalhada da erupção do Vesúvio e da destruição de Pompeia ficaram bem conhecidas. Mas foi apenas em 1763, quando arqueólogos que cavavam à sombra do vulcão descobriram uma inscrição com as palavras *Res Publica Pompeianorum*, que a verdadeira localização da antiga Pompeia foi definitivamente determinada.

O ÚLTIMO DIA DO MUNDO 73

estruturas, apenas a Casa da Moeda sobreviveu sem danos. De um só golpe, a cidade perdera sua capacidade de governar, de conduzir o comércio, de rezar em suas igrejas e de se comunicar – em resumo, de funcionar.

Se não tivesse havido o incêndio ou se as chamas houvessem sido ao menos parcialmente contidas, muito poderia ter sido resgatado das ruínas; a conflagração causou danos mais irreparáveis do que o próprio terremoto. Logo após o tremor de terra, dezenas de comerciantes no bairro da Baixa abriram caminho através dos montes de entulho que antes foram suas lojas e seus empórios e conseguiram salvar uma parte de suas mercadorias, apenas para vê-las consumidas pelo fogo subsequente. Com a fumaça também desapareceram inúmeras contas e livros contábeis, documentos comerciais e cartas de crédito dos quais dependia a subsistência dos comerciantes. "A maior parte dos comerciantes está absolutamente arruinada; há duas casas que perderam 50 mil l. [libras] cada, e nenhuma delas sabia quem são seus devedores, porque seus livros de contas foram consumidos pelas chamas, e se eles os tivessem salvado, de nada serviria, pois os habitantes em geral estão insolventes em consequência desse infortúnio", escreveu um comerciante inglês[4] compreensivelmente ansioso. Na Alfândega e nos armazéns na zona ribeirinha, provisões de ouro, diamantes, jaspe, açúcar, fumo, cacau, couros, algodão, seda, madeiras exóticas e uma gama de outros produtos valiosos foram estragados, varridos pelos tsunamis ou devorados pelas chamas.

Nem Lisboa nem mesmo Portugal como um todo arcaram sozinhos com o prejuízo. Na época do terremoto, Lisboa era um porto de primeira grandeza tanto para o comércio intraeuropeu quanto para o comércio global com as Américas, a África e a Ásia, e o que acontecia na capital portuguesa afetava, entre outros, e em graus variados, fazendeiros e mineiros brasileiros, produtores asiáticos de especiarias, fabricantes de seda indianos, produtores de lã britânicos, curtidores franceses, comerciantes de madeira hamburgueses, negociantes de fumo holandeses, lapidadores de diamante judeus em Antuérpia e em Amsterdã, e até pescadores das colônias americanas. Em carta a comerciantes de Boston, datada de 6 de novembro, publicada na *Pennsylvania Gazette* de 8 de janeiro de 1756, um negociante britânico que trabalhava em Lisboa detalhou os prejuízos com um carregamento de bacalhau, que, juntamente com o algodão, o fumo e a madeira de construção, era produto frequente no comércio entre as colônias americanas e Portugal:

> Não tenho tempo nem estou com capacidade para me estender neste assunto, devo então referi-lo ao capitão Collins para os particulares. Basta que eu lhe informe que vendi seu peixe; mas, que pena! Está tudo perdido e destruído na catástrofe universal: não tive notícia do comprador desde o desastre; e duvido muito que ele possa pagar. Em resumo, é provável que percamos o dinheiro que temos a receber... Devo permanecer neste lugar miserável pelo bem de meus amigos e me empenharei com todas as forças para salvar o que puder de seus bens.

Houve um incontável número de relatos parecidos de perda econômica e ruína; e, estranhamente, algumas narrativas até continham um floreio sobrenatural. Em uma longa missiva datada de 18 de novembro, um anônimo comerciante britânico em Lisboa menciona a um colega em Londres o peculiar caso de um negociante alemão cuja desconsideração pela veracidade dos sonhos parece uma história admonitória a favor dos fenômenos paranormais:

> Um certo sr. Burmester, comerciante hamburguês deste lugar, recebeu uma carta de seu sócio em Hamburgo, aconselhando-o a remover uma grande quantidade de linho e outros bens valiosos da casa onde ele então residia para vários armazéns distantes em diferentes partes da cidade, dando como motivo para desejar que ele tomasse essa precaução o fato de ter sonhado, por 14 noites seguidas, que a cidade de Lisboa estava toda incendiada. Você pode confiar na veracidade deste fato como está aqui contado, porque o sr. Burmester mostrou publicamente a carta a todo mundo. Mas quer o conselho se devesse a um aviso sobrenatural, quer fosse meramente acidental, não teve importância, pois ele não deu a menor atenção, de forma que as suas mercadorias tiveram o mesmo destino que teve a de todos os seus vizinhos.[5]

Em suma, a escala do desastre comercial e financeiro era astronômica. Apenas os comerciantes britânicos perderam aproximadamente 7 milhões de libras esterlinas em mercadorias; os mercadores hamburgueses sofreram uma perda da ordem de 2 milhões de libras; as perdas portuguesas eram quase impossíveis de calcular.

Por mais severas que fossem as perdas econômicas, com o tempo os negócios seriam retomados. Mas não havia meios de recuperar a inestimável riqueza de livros, manuscritos, pinturas, esculturas, tapeçarias, mobília e objetos de arte que decoravam os palácios reais e particulares e que ajudaram a alimentar o fogo. No palácio do marquês de Louriçal, um dos primeiros focos de incêndio depois do terremoto, uma coleção maravilhosa de mais de duzentos quadros, incluindo obras de Ticiano, Correggio e Rubens, foi reduzida a cinzas, bem como uma biblioteca de 80 mil livros, mil manuscritos (entre os quais estava nada menos do que uma história do imperador Carlos V escrita por ele mesmo) e uma inestimável coleção de mapas, cartas e comentários dos grandes exploradores portugueses em suas viagens de descoberta na África, na Ásia e no Novo Mundo. A biblioteca real, na qual o rei dom João V acumulara 70 mil volumes (inclusive as bíblias e os textos religiosos hebraicos que Carvalho tinha adquirido em Londres), perdeu-se no fogo que engoliu o palácio à margem do rio. Outras bibliotecas importantes arderam nos conventos de São Domingos, Carmo, São Francisco, Trindade e Boa-Hora. Os estoques acumulados de trinta livreiros também foram consumidos. Infelizmente, não houve compensação pela perda desse tipo de patrimônio cultural; o desastre espoliou Portugal de um legado que o país nunca iria recuperar.

Como que por milagre, alguns edifícios e recursos significativos resistiram ao triplo ataque de terremoto, tsunami e fogo. Localizada na rua São Paulo, exatamente ao norte do estaleiro, a Casa da Moeda foi uma das poucas construções a permanecer de pé. Que tivesse sobrevivido intacta era uma bênção especial (e uma questão espinhosa para os pregadores que clamaram que Deus estava castigando Lisboa, entre outros pecados, pela cobiça ardente por ouro). Ainda mais espantoso era o fato de que o abundante estoque de ouro do reino não fora completamente saqueado no tumulto, mas essa beneficência conferida ao rei e ao país se deveu a apenas um jovem. Foi um desses incidentes extraordinários que às vezes ocorrem inexplicavelmente em uma catástrofe; os

O ÚLTIMO DIA DO MUNDO

detalhes apareceram em uma carta anônima, que está hoje nos arquivos da British Historical Society of Portugal. Em meio ao desastre, um inglês permaneceu sozinho e isolado na margem do rio, tendo escapado por pouco do desmoronamento de sua casa e da fúria dos tsunamis.

Eu agora estava em uma posição tal que não sabia mais para onde ir. Se ficasse lá, o perigo vinha do mar; se recuasse para mais longe da margem, as casas ameaçavam uma destruição certa. Por fim, resolvi ir para a Casa da Moeda, que, por ser uma construção baixa e muito forte, não sofrera danos consideráveis exceto em alguns dos apartamentos de frente para o rio. O grupo de soldados que todos os dias monta guarda lá havia abandonado o local, e a única pessoa que permanecia ali era o oficial comandante, um filho de nobre que tinha 17 ou 18 anos de idade, a quem encontrei parado no portão. Como ainda havia um contínuo tremor de terra e o lugar em que estávamos agora, a 10 ou 15 metros das casas em frente (que estavam todas oscilando), parecia perigoso demais e o pátio estava cheio de água, nós dois nos retiramos para dentro, para um outeiro de pedras e entulhos. Ali comecei a conversar com ele e, quando expressei minha admiração pelo fato de alguém tão jovem ter tido a coragem de se manter em seu posto enquanto todos os seus soldados tinham fugido dos deles, a resposta que ele me deu foi: "que apesar de ele estar certo de que a terra poderia se abrir e engoli-lo, ele abominava a ideia de abandonar seu posto." Em suma, foi devido à magnanimidade desse jovem cavalheiro que a Casa da Moeda, que nessa época tinha mais de 2 milhões em moeda guardados, não foi roubada, e sem dúvida não lhe faço mais do que justiça ao dizer que nunca vi ninguém se comportar com tal serenidade e compostura em ocasiões muito menos terríveis do que a atual.[6]

O jovem oficial era o tenente Bartolomeu de Sousa Mexia, e seu valor não passou despercebido nem deixou de ser recompensado. Logo após o desastre, o resoluto tenente foi chamado a Belém, onde o rei dom José I o promoveu ao posto de capitão. Não se sabe ao certo se o novo capitão também recebeu uma quantia simbólica daquilo que havia defendido com tanta firmeza.

Dois milhões de moedas de ouro não era pouco e, sem considerar o auxílio estrangeiro, provou ser essencial para o socorro aos sobreviventes, a manutenção do aparato governamental e a reconstrução de Lisboa. Não fosse pela preservação da Casa da Moeda, Lisboa estaria não apenas arruinada, mas praticamente falida, ao menos de modo temporário. A dependência de Portugal em relação às minas de ouro e diamante do Brasil era quase total, e na ausência de uma efetiva base industrial e agrícola, ouro e pedras preciosas pagavam uma grande quantidade de produtos importados essenciais, como trigo, tecidos e, o que era quase imperdoável para uma nação marítima, peixe. Reabastecer os cofres reais teria levado meses, se não anos. Todavia, com tudo o que a cidade tinha perdido, a sobrevivência da Casa da Moeda era uma ironia cruel, porque todo o ouro do reino não poderia apagar o único déficit que perseguiria Lisboa por gerações: o de vidas. O paradoxo foi percebido pelos pregadores, que logo passaram a citar o livro de Sofonias: "Nem a prata, nem o ouro poderão salvá-los no dia da cólera do Senhor."

O ÚLTIMO DIA DO MUNDO

Talvez não, mas os estoques de ouro beneficiaram indiscutivelmente uma população abatida e ajudaram a restaurar uma cidade que muitos observadores, mais notadamente o clero, consideravam irrecuperável.

Apesar de toda a destruição que os tsunamis levaram ao Tejo, foram principalmente os navios menores que naufragaram ou foram arremessados na costa. Os navios de guerra e fragatas portugueses, inclusive os da frota brasileira, que ancoraram em Lisboa apenas dias antes do desastre, resistiram às ondas com pouco ou nenhum prejuízo. A sobrevivência da frota era ainda mais importante porque o estaleiro da Ribeira das Naus estava completamente destruído e nenhum novo navio poderia ser encomendado no futuro previsível. Sem a frota, Lisboa estaria à mercê de piratas berberes, isolada da comunicação internacional e de suas colônias lucrativas e privada do comércio que era essencial para a vida da cidade.

Lisboa também preservou outro elemento vital, água potável. O monumental Aqueduto das Águas Livres, de 58 quilômetros, encomendado por dom João V e inaugurado em 1748, transportava água para Lisboa do nordeste e atenuava um problema que já durava séculos, de seca periódica. Projetada pelos engenheiros militares Manuel da Maia, Custódio Vieira e Carlos Mardel, a estrutura incluía um extenso viaduto de 35 arcos, em alguns pontos com mais de 60 metros de altura, e se tornou uma maravilha da engenharia civil da época. Inexplicavelmente, o aqueduto resistiu ao terremoto, e a água foi usada para ajudar a combater o fogo (embora o esforço fosse, na maior parte, inútil) e saciar a sede dos sobreviventes. A falta de água potável teria levado a epidemias e ao aumento da já descomunal mortandade.

Portugal também poderia se alegrar com a sobrevivência do rei e da família real, que passaram pela provação sem um arranhão. No esquema intensamente hierarquizado de uma monarquia absoluta, o rei era o chefe da família e o protetor, uma encarnação da nação dotada pelo divino, cuja morte teria criado uma sensação de desesperança entre seus súditos e provavelmente desencadeado uma luta complicada, se não violenta, pela sucessão. A mensagem de que o rei estava vivo e bem foi interpretada pelos sobreviventes como um sinal promissor e uma garantia de que eles não seriam mais abandonados. Quer o consideremos o resultado da providência, um lance do destino ou pura sorte, o fato é que a partida para Belém no começo da manhã do Dia de Todos os Santos salvou toda a família real e seu considerável séquito. Apenas um olhar para o palácio da ribeira, derrubado pelo terremoto e varrido pelo fogo, bastava para convencer qualquer um de que a família real teria tido poucas esperanças de sobreviver se tivesse ficado em casa. A salvação do monarca (e de Carvalho, que agia em seu nome) significou a preservação da autoridade; sem ele, a pilhagem e o caos brutal logo após o desastre poderiam muito bem ter se tornado pandêmicos. Além disso, foi a dom José I que se entregou a ajuda internacional para o socorro a *seus* súditos; de fato, nenhuma outra instituição além da Coroa tinha condição de administrar e dispensar adequadamente a assistência. E por último, a sobrevivência do rei e de sua família também ajudou a manter a independência portuguesa, pois uma formidável facção antiportuguesa na corte espanhola em Madri só esperava um pretexto para recuperar o que tinha sido, embora brevemente, o território espanhol mais ocidental.*

---

* De 1580 a 1640, um período que ficou conhecido como o "Cativeiro Babilônico", a Espanha, sob Felipe II, de fato anexou Portugal. O rei Habsburgo da Espanha supostamente disse a Portugal: "Eu o herdei, o comprei e o conquistei."

Ouro para fazer face à recuperação, navios para defender a costa e manter canais de comunicação, um rei para liderar e água para beber – naquelas circunstâncias essas não eram, de forma alguma, bênçãos insignificantes. Mas a catástrofe devastou uma cidade cujas origens remontavam aos fenícios. Ao longo de seus oitocentos anos de história, Lisboa sucumbira aos invasores visigodos, mouros e castelhanos; fora sitiada, visitada pela peste negra e anexada por seu vizinho ibérico mais poderoso. O nível de destruição causado pelo terremoto, no entanto, era inefável, tão próximo de um verdadeiro inferno quanto podia chegar uma calamidade na terra. As alusões ao Apocalipse não eram descabidas; sem dúvida, elas foram as únicas referências que captaram a extraordinária escala do horror. Um sobrevivente inglês concluiu uma carta da cidade devastada com a frase "do lugar que *era*, mas *não é* mais Lisboa". Era verdade. Nenhum viajante que retornasse a Lisboa teria reconhecido o lugar; morros continuavam lá, é claro, e o Tejo, e um ou outro edifício que sobrevivera ao cataclismo, mas Lisboa não existia mais. A cidade antiga iria sobreviver apenas na memória de uma geração que ainda poderia evocar imagens efêmeras de ruelas medievais e antigos palácios, de paisagens urbanas e panoramas que faziam parte da antiga geografia e dos semblantes das vítimas antes da Queda. Mas com o tempo estas também iriam perecer e a antiga Lisboa desapareceria para sempre praticamente sem rastro. "Quem não viu Lisboa não viveu", dizia um velho ditado cuja lógica já não se sustentava.

CAPÍTULO QUATRO

ALIS UBBO... OLISIPO... AL-USHBUNA... LISBOA

Sem dúvida esta cidade, acredito, outrora pertenceu a vosso povo, mas agora é nossa. No futuro, talvez venha a ser vossa. Mas isso deve estar de acordo com a graça divina. Enquanto Deus quis, nós a mantivemos; quando ele quiser outra coisa, não mais a manteremos.

– Osbernus, *De Expugnatione Lyxbonensi*, 1147

Os lisboetas acreditavam que sua cidade era eterna, ou ao menos imemorial. As origens da cidade sem dúvida eram antigas e obscuras, mas a afirmação persistente de que Ulisses fundara o porto depois do saque de Troia – daí o antigo nome de Olisipo dado a Lisboa – é completamente apócrifa. É mais provável que a raiz etimológica venha dos fenícios, que deram ao lugar o nome de Alis Ubbo ou "Enseada Amena". Gregos e cartagineses se seguiram aos fenícios, mas foram os romanos, ao chegarem à Ibéria ocidental no século II a.C. e derrotarem as tribos lusitanas locais, que deixaram o sinal mais forte de antiguidade em Lisboa. Os romanos entenderam de imediato a importância estratégica e o apelo estético do extenso porto de Olisipo, na margem norte do Tejo e próximo ao Atlântico. E o mais importante, a terra era verdejante e fértil e o clima, sem grandes variações; e os lusitanos, embora de início resistissem ferozmente aos invasores romanos, logo compreenderam as vantagens sociais, econômicas e intelectuais da romanização. Olisipo foi elevada à condição de *municipium* e Júlio César deu a ela o sonoro epíteto de *Felicitas Julia*, "a Felicidade de Júlio". A Lusitânia, como os romanos designaram a Ibéria ocidental, fornecia a Roma sal, grãos, peixe, mármore, minerais e cavalos – estes muito apreciados. Em troca, os locais colhiam os frutos conferidos por Roma, inclusive o direito romano, a administração e práticas fiscais romanas, obras públicas romanas, de estradas a termas e aquedutos, um panteão de deuses romanos e arte e literatura romanas – em uma palavra, civilização.

Com as invasões germânicas, quase meio milênio de paz e prosperidade chegou ao fim na Lusitânia, bem como em outras partes do império romano. Os suevos atacaram a Lusitânia no século IV e os visigodos vieram duzentos anos depois, mas, se comparado ao profundo impacto deixado por Roma, o legado desses "bárbaros" do norte foi desprezível exceto por uma noção mais militante de cristianismo. Sob os romanos, os primeiros evangelizadores cristãos haviam chegado à Ibéria e pregado o novo credo, mas os invasores germânicos sancionaram oficialmente a fé, dando origem à igreja que se tornaria a instituição mais duradoura da história portuguesa.

A Cruz, no entanto, logo foi ofuscada pela Lua Crescente. Para os exércitos muçulmanos e seus vivandeiros berberes que invadiram a Ibéria no começo do século VIII, a Lusitânia era conhecida simplesmente como al-Gharb, "o Ocidente". Os novos senhores fizeram de Lisboa, ou Lishbuna, ou al-Ushbuna, como chamavam a cidade, uma cidadela, construíram a fortaleza colossal que mais tarde os cristãos denominariam Castelo de São Jorge, e transformaram os antigos templos romanos em mesquitas. Foi o começo de quinhentos anos de alta cultura islâmica em Portugal. Dali em diante, os dias de Lishbuna foram pontuados pelos chamados do muezim para as orações.

Toda a Europa tremeu com a chegada dos invasores muçulmanos ao continente, mesmo que fosse na distante Ibéria, mas os recém-chegados provaram ser dominadores notavelmente brandos, e seu governo foi marcado menos pelo zelo religioso que pela pura praticidade. Durante o domínio dos visigodos, os judeus de Lisboa sofreram perseguições implacáveis, mas sob os muçulmanos, as práticas religiosas tanto judaicas quanto cristãs foram abertamente toleradas. Contanto que os locais professassem lealdade ao califado, que governava de Damasco, e pagassem o imposto devido por pessoa (de que estavam misericordiosamente isentos as crianças, os idosos, os deficientes e os pobres), os novos senhores pareciam não apenas desejosos, mas ávidos por deixar a religião fora do quadro.

Que os muçulmanos, em especial os árabes que formavam a elite dominante, fossem intelectualmente superiores aos súditos cristãos não surpreende, após séculos de domínio gótico inculto na Ibéria. Os muçulmanos trouxeram um despertar científico e cultural num momento em que a Europa ocidental ainda estava irremediavelmente perdida na Idade das Trevas. Foi por meio das traduções árabes de Platão, Hipócrates, Galeno e, acima de tudo, Aristóteles, por exemplo, que a Europa redescobriu os clássicos gregos que quase haviam desaparecido no Ocidente, vítimas da fixação dos primeiros cristãos em queimar livros para apagar qualquer vestígio do passado pagão. Os árabes trouxeram conhecimentos de astronomia, cartografia, navegação (inclusive a introdução do astrolábio e da bússola) e construção de navios, que dariam aos portugueses uma nítida vantagem em sua Era dos Descobrimentos nos séculos XV e XVI. Os avanços na agricultura não foram menos revolucionários e ajudaram a aliviar a existência triste dos servos que constituíam a maioria da população local. O velho sistema de irrigação romana foi bastante aperfeiçoado: introduziram-se a rotação de culturas, pomares, plantações de arroz e a moagem mecanizada de milho. Al-Gharb floresceu.

A exemplo de Sevilha, Valência, Granada e Córdoba (a capital da Ibéria moura), Lisboa adquiriu um ar completamente oriental. Foram construídos palácios, e surgiu um bairro parecido com uma casbá, ou uma área fortificada, no lado oriental da cidade, onde fontes de águas termais (*alhama*) haviam sido descobertas.* Construíram-se banhos públicos, jardins planejados e fontes.

Cerâmicas vitrificadas luminosas, ou *azuleif*, foram introduzidas como padrão de decoração. Embora a língua franca entre os locais nas ruas fosse ainda um dialeto latinizado, o árabe era a língua dos dominadores, e um vocabulário árabe científico e técnico foi adotado na arquitetura, na construção de navios e na navegação. Escrever versos em árabe tornou-se a diversão predileta dos eruditos. Em face da manifesta sofisticação e urbanidade dos árabes, uma parcela considerável da população local, cuja tradição da fé cristã tinha apenas alguns séculos e era na melhor das hipóteses pouco entusiasmada, se converteu a uma nova religião que parecia anunciar um futuro brilhante e próspero. A conversão logo envolveu os muçulmanos iniciantes em uma irmandade islâmica com ambições globais. Em contraste, o cristianismo parecia cada vez mais coisa do passado.

O cristianismo pode ter ficado adormecido durante a ocupação muçulmana, mas não estava de forma alguma esgotado. Nas montanhas do norte de Portugal, uma tenaz fé cristã sobrepujou a islamização, e ali a vanguarda da Reconquista angariou forças e recursos para começar a campanha pela expulsão dos muçulmanos. Durante o século XI, esses cristãos do norte, reforçados por bandos de cavaleiros mercenários franceses e seus seguidores maltrapilhos,

---

* Hoje a Alfama, em Lisboa, continua a ser um dos bairros típicos da cidade.

faziam incursões cada vez mais audaciosas ao sul, nos territórios dominados pelos muçulmanos. Em torno da cidade do Porto emergiu um enclave cristão que ficou conhecido como Portucalia, nome derivado do antigo porto de Portus Cale. No século XII, Afonso Henriques, um conde burgúndio que comandava as forças cristãs, proclamou-se rei de Portugal, e a luta com os mouros, exacerbada pelo domínio cada vez mais severo da dinastia almorávida no norte da África, adquiriu todo o fervor de uma cruzada ocidental. No combate, o rumo dos acontecimentos mudou a favor dos cristãos, e em 1147, dom Afonso e seu exército da Cruz estavam acampados do lado de fora das muralhas de Lisboa preparando-se para um cerco.

Dom Afonso acabou sendo beneficiado por um apoio inteiramente fortuito. Na primavera de 1147, uma frota de cerca de duzentos navios, transportando um contingente de cruzados ingleses, francos, frísios, normandos, escoceses e flamengos, zarpou de Dartmouth, Inglaterra, com destino à malfadada Segunda Cruzada. Tempestades desviaram a frota de sua rota e os navios procuraram abrigo no Porto, onde o bispo local convenceu os cruzados (ou simplesmente "os francos", como eram chamados nas crônicas) a continuar até Lisboa e se juntar a dom Afonso em seu ataque à cidade-la muçulmana. As fileiras desse exército se dividiram quanto à prudência de se desviarem da missão com que estavam comprometidas por juramento – ajudar o reino Latino a se defender na Terra Santa – para libertar dos mouros uma cidade ibérica, mas os bispos portugueses aliviaram suas consciências cristãs assegurando-lhes que derrotar muçulmanos em Lisboa oferecia as mesmas recompensas espirituais que seriam obtidas se fizessem isso em Antioquia, Trípoli, Edessa ou Jerusalém. E, é claro, havia o butim a considerar. Lisboa era um próspero porto muçulmano, onde habitavam cerca de 60 mil famílias, e dentro de suas bem fortificadas muralhas havia muito a saquear. No primeiro encontro dos cruzados com dom Afonso longe de Lisboa, em junho, o rei tentou persuadi-los a lutar em benefício exclusivo da fé. Os cruzados não aceitaram e ameaçaram abandonar o empreendimento, mas quando o rei prometeu butim, títulos e terra aos vencedores, eles concordaram em se juntar à batalha:

Que a promessa de acordo entre mim e os francos seja conhecida por todos os filhos da igreja, tanto os presentes quanto os que estão por vir... A saber, que eu, Afonso, rei dos portugueses, concedo, por meio desta carta de confirmação, autorização para que os francos que estão prontos a permanecer comigo no cerco à cidade de Lisboa possam entrar na posse de todas as propriedades do inimigo e conservá-las, eu e meus homens não tendo absolutamente nenhuma participação nelas. Se desejarem resgatar prisioneiros de guerra vivos, devem ter o dinheiro do resgate e entregar a mim os referidos cativos. Se porventura tomarem a cidade, devem possuí-la e mantê-la em seu poder até que tenha sido vasculhada e espoliada, por meio de pedidos de resgate e de outros modos. E então, finalmente, depois de ter sido pilhada satisfatoriamente, devem entregá-la a mim.[1]

Antes de o cerco realmente começar, as forças cristãs foram instigadas por dom Afonso a tentar um derradeiro esforço diplomático. Um grupo de negociadores cristãos, liderados por João, arcebispo de Braga, foi enviado para conferenciar com o alcaide (ou governador) muçulmano, o bispo moçárabe e um grupo de patronos da cidade de

O ÚLTIMO DIA DO MUNDO

Lishbuna, que haviam se reunido nas ameias para ouvir a oferta dos cristãos. Um relato dessa importante confabulação entre cristãos e muçulmanos foi registrado por um padre inglês que integrava as fileiras dos cruzados, chamado Osbern de Bawdsey, ou Osbernus, em sua carta *De Expugnatione Lyxbonensi* (A conquista de Lisboa). Depois de algumas palavras preliminares de harmonia e concórdia, o arcebispo chegou ao que interessava aos cristãos:

> Solicitamos que a administração desta cidade fique sob nossa legislação; e por certo, se um senso de justiça natural tivesse se desenvolvido entre vocês, vocês voltariam espontaneamente para a terra dos mouros, de onde vieram, com sua bagagem, dinheiro e mercadorias e suas mulheres e seus filhos, deixando-nos por nossa conta. Contudo, já sabemos muito bem que vocês só fariam uma coisa assim de má vontade e como resultado da força. Mas considerem uma partida voluntária; porque, se cederem de boa vontade a nossas exigências, já terão se livrado da parte mais amarga delas. Porque, senão, não sei como poderia haver paz entre nós, uma vez que a parte atribuída a cada um desde o começo carece de seu legítimo proprietário. Vocês, mouros e moabitas, tomaram fraudulentamente o reino da Lusitânia de seu rei e do nosso. Desde então e até agora houve desolação em cidades, aldeias e igrejas sem número, e continua a haver. De um lado nessa luta, sua fidelidade, de outro lado, a própria sociedade humana tem sido violada.[2]

O arcebispo, então, se pôs a fazer uma exposição sobre a herança cristã em Lisboa; citou o apóstolo Tiago, o primeiro a trazer o evangelho para a Ibéria; listou os nomes dos primeiros mártires cristãos que por sua fé morreram sob os romanos; lembrou eclesiásticos ilustres e grandes concílios da Igreja. Então, uma vez mais, de forma gentil mas inequívoca, pediu aos usurpadores muçulmanos para, em resumo, deixarem a cidade. Da perspectiva dos muçulmanos, no alto das ameias, o pedido cristão deve ter parecido ao mesmo tempo estouvado e um pouco ridículo. Afinal, os mouros estavam excepcionalmente bem entrincheirados dentro das muralhas fortificadas de Lisboa. Eles não se consideravam invasores temporários, mas senhores estabelecidos, tendo ocupado a cidade por cerca de quatro séculos; tampouco tinham intenção de retornar para o sol abrasador do norte da África. Um dos homens do grupo dos muçulmanos deu um passo à frente para responder ao arcebispo:

Ainda não decidimos entregar incondicionalmente nossa cidade a vós nem permanecer nela e nos tornarmos vossos súditos. Nem nossa magnanimidade avançou até o ponto de renunciar às certezas em favor das incertezas. Porque em grandes questões as decisões devem ser tomadas com uma visão ampla. Sem dúvida esta cidade, acredito, outrora pertenceu a vosso povo, mas agora é nossa. No futuro, talvez venha a ser vossa. Mas isso deve estar de acordo com a graça divina. Enquanto Deus quis, nós a mantivemos; quando ele quiser outra coisa, não mais a manteremos. Pois não existe muralha que seja inexpugnável contra o arbítrio de sua vontade. Portanto, fiquemos contentes com o que quer que possa agradar a Deus, que com tanta frequência poupou nosso sangue de ser derramado por vossas mãos... Mas deveis sair daqui, porque a entrada da cidade não permanecerá aberta para vós a não ser por meio da espada. Pois vossas ameaças e os tumultos dos bárbaros, de quem conhecemos melhor a força que a língua, não valem muito entre nós.[3]

O cerco começou em 1º de julho de 1147. As forças cristãs, a essa altura peritas na arte militar de sitiar muçulmanos em seus redutos fortificados, atacaram as muralhas de Lisboa com catapultas, aríetes, torres de sítio e equipes de sapadores, com o intuito de criar uma brecha através da qual o exército cristão de 15 mil homens poderia penetrar na cidade. Os defensores muçulmanos, contudo, provaram ser bem resistentes, e Lisboa resistiu por 17 semanas. Mas em outubro seus habitantes estavam morrendo de fome e o fedor dos corpos acumulados dentro das muralhas da cidade era insuportável. Lisboa estava sucumbindo. Em outubro, os muçulmanos negociaram uma trégua e concordaram em entregar a cidade ao rei dom Afonso, desde que a guarnição e os habitantes pudessem se retirar ilesos. O rei entrou em Lisboa com um contingente de cruzados anglo-normandos, flamengos e alemães em 24 de outubro, ergueu a insígnia cristã – uma cruz vermelha em um campo branco – na mais alta torre da cidadela muçulmana e reuniu o clero e o povo para entoar o *Te Deum laudamus*. Então começou a rapina. Osbern de Bawdsey atribui toda a culpa pelo comportamento não cristão aos cruzados flamengos e alemães: "Quando os homens de Colônia e os flamengos viram tantas tentações à cobiça na cidade, não observaram a obrigação moral de seu juramento ou de sua fé prometida. Eles correram de um lado para o outro, aqui e acolá, saquearam; romperam portas; abriram com força as partes mais íntimas de cada casa; expulsaram os cidadãos e os ofenderam, contra o direito e a justiça; espalharam utensílios e roupas; insultaram donzelas; igualaram o certo e o errado; roubaram clandestinamente todas as coisas que deviam ter se tornado propriedade comum de todas as forças. Chegaram mesmo a assassinar o idoso bispo da cidade, contra tudo o que é correto e decente, cortando-lhe a garganta."[4]

Apesar do assassinato injustificado e a sangue-frio do bispo moçárabe, a quem os cruzados parecem ter tomado por um colaborador mouro, a queda de Lisboa não degenerou em derramamento de sangue indiscriminado. A cidade foi quase completamente saqueada, é verdade, mas a guarnição muçulmana, juntamente com uma legião de residentes muçulmanos que preferiram deixar Lisboa a viver sob o domínio cristão-bárbaro, foi autorizada a partir em paz, embora praticamente de mãos vazias. De acordo com Osbern, os vencidos saíram da cidade por três portões, ininterruptamente, do sábado pela manhã até a quarta-feira seguinte: "Havia tal quantidade de pessoas que parecia que toda a Espanha estava misturada na multidão."

Dali em diante Lisboa seria um exemplo brilhante, para o cristianismo, de uma cidade retomada e redimida pela Cruz, e os novos governantes logo a recristianizaram. A principal mesquita da cidade foi demolida em um rasgo de fanatismo, que tinha por objetivo exorcizar os infiéis, e em seu lugar foi construída a Catedral da Sé, para comemorar a Reconquista. Gilberto de Hastings, um dos cruzados ingleses, foi eleito o novo bispo de Lisboa. Acompanhando as mudanças, muitos nativos prudentemente se reconverteram ao cristianismo; aqueles que permaneceram firmes em sua fé islâmica, na maioria, se retiraram, com seus senhores e irmãos muçulmanos, para o sul, para o Algarve e a Andaluzia, ou atravessaram o estreito de volta para o norte da África – "a terra dos mouros de onde eles vieram" –, como recomendara

O ÚLTIMO DIA DO MUNDO

de forma tão direta o arcebispo de Braga. Quanto aos cruzados, continuaram em sua jornada para a Terra Santa, onde se juntaram ao dispendioso e inútil cerco a Damasco e acabaram por voltar para casa, derrotados. De fato, toda a empresa da Segunda Cruzada foi um fracasso total, com exceção da conquista de Lisboa. Os mouros iriam tentar repetidamente retomar sua amada Al-Ushbuna, mas seriam rechaçados. Em meados do século XIII, as forças cristãs tinham avançado até o sul e expulsado os exércitos muçulmanos de seu último reduto no "Reino do Ocidente" no Algarve, pondo fim a quase quinhentos anos de domínio muçulmano.

Naturalmente a Europa cristã rejubilou-se, mas, convicções religiosas à parte, a maioria dos portugueses tinha pouco a comemorar. Os mouros podiam muito bem ter sido conquistadores, usurpadores e os lacaios de um califa distante, mas deixaram Portugal muito melhor do que quando chegaram, e depois que eles foram embora muito do que haviam criado se perdeu. As terras agrícolas que os muçulmanos tinham cultivado cientificamente passaram a ser mal-administradas ou foram abandonadas pelos cristãos; o lugar de Lisboa no grande império comercial muçulmano que se estendia do Oceano Índico à Ibéria de repente foi perdido; e a cultura arábe se extinguiu abruptamente. Os poucos muçulmanos que permaneceram depois da conquista se viram reduzidos à condição de cidadãos de segunda classe ou, pior, escravizados e forçados a viver em um gueto muçulmano que ficou conhecido como a Mouraria, "o lugar dos mouros", localizado embaixo das muralhas da cidadela. A Alfama, que era antes um bairro mouro exclusivo, foi ocupada por artesãos e pescadores cristãos.

Se antes as inclinações cristãs dos portugueses eram tímidas, as Cruzadas Ocidentais e a Reconquista produziram uma fé mais robusta, forjada pela espada e sustentada pela

Cruz, que por séculos marcaria o caráter religioso do país. Essa recém-descoberta convicção cristã não foi a causa, mas antes a consequência da Reconquista. A Igreja Católica preencheu o vácuo deixado pela expulsão dos mouros, concedendo vastas extensões de terra para abrigar ordens religiosas, tais como os Cistercienses e os Templários. Junto com uma monarquia nascente, a Igreja se tornou o alicerce sobre o qual Portugal cresceu como nação. O país deveu sua própria existência às Cruzadas e jamais perderia completamente nem a noção de missão de seus Cruzados nem a intolerância religiosa que ela cultivava.

Depois de ter por tanto tempo sucumbido a inúmeros conquistadores – romanos, suevos, visigodos e mouros –, Portugal agora se lançava em várias conquistas próprias. A Era dos Descobrimentos, ou talvez mais apropriadamente a Era da Exploração, começou em 1415, quando uma força militar portuguesa, liderada pelo príncipe dom Henrique de Avis, filho do rei dom João I, atravessou o estreito de Gibraltar e tomou a cidade marroquina de Ceuta. A vitória foi mais do que simplesmente um detalhe na longa saga cristão-muçulmana; marcou uma mudança memorável na consciência europeia, na qual a introspecção e a indiferença que caracterizaram grande parte da Europa medieval (não obstante as Cruzadas) chegaram abruptamente ao fim. De repente, havia um mundo desconhecido a descobrir, inumeráveis tesouros a adquirir e terras fabulosas a reivindicar e conquistar, e foi Portugal, que estava na margem do mundo conhecido e até então tinha pouca importância no cenário europeu, que abriu o caminho.

O impulso por trás de muitas, embora de nem todas, viagens iniciais de descoberta foi dado pelo príncipe dom Henrique, conhecido entre os portugueses como infante dom Henrique e pela História como príncipe Henrique, o Navegador. Filho do rei dom João I e de dona Filipa de Lencastre, faz muito tempo o príncipe Henrique assumiu proporções míticas na imaginação popular dos portugueses. Em uma era de exploração de águas desconhecidas, onde se dizia que residiam raças de selvagens e bestas fantásticas, os feitos do príncipe e de grande número de outros navegadores, aventureiros e marujos heroicos se tornaram matéria de lenda nacional. Na verdade, dom Henrique nunca se aventurou além do Marrocos, mas patrocinou dezenas de expedições sob os auspícios da cavalheiresca Ordem de Cristo, da qual era grão-mestre. Muito pouco nessas viagens históricas era sequer remotamente cristão; para o príncipe dom Henrique, bem como para qualquer outro explorador, o único motivo pelo qual valeria a pena arriscar a vida seria um belo lucro. A intenção do príncipe ao invadir o Marrocos tinha sido expulsar os mouros e assim controlar as planícies do norte da África, outrora o celeiro de Roma, mas quando suas forças cristãs se mostraram incapazes de avançar além de Ceuta, ele voltou sua atenção para o Atlântico e a costa ocidental da África.

No mar, as caravelas de vela latina de Portugal eram os navios mais rápidos e mais fáceis de manobrar, e não demorou muito para eles alcançarem águas inexploradas. A Madeira, os Açores e as Ilhas Canárias foram as primeiras e modestas conquistas ultramarinas onde a bandeira portuguesa foi fincada, e nelas cultivaram-se colheitas tradicionais, tais como trigo, vinho, açúcar e madeira. Mas à medida que os navios portugueses se aventuraram mais para o sul, explorando a costa da África ocidental, seus capitães e tripulações descobriram duas mercadorias que iriam se tornar a base do desenvolvimento econômico de Portugal, mudando para sempre tanto a face quanto o destino da nação: escravos e ouro. Durante séculos sabia-se na Europa que caravanas marroquinas transportavam ouro do interior da África com destino aos grandes portos do Magreb, mas, ao ir diretamente à fonte e ao expedir o ouro para a Europa por mar, Portugal efetivamente eliminou os intermediários e estabeleceu um monopólio ilimitado sobre o ouro na África ocidental. A colônia portuguesa na Costa do Ouro da África (a atual Gana) foi batizada, adequadamente, São Jorge da Mina, e no final do século XV o comércio de ouro enchia os cofres reais de Lisboa (ele era um monopólio da Coroa) com quase meia tonelada de barras por ano.

O tráfico de escravos certamente não era menos recompensador. O lucro com um escravo mauritano saudável era estimado em setecentos por cento, o tipo de margem que induzia marinheiros mercantes comuns a se tornarem escravagistas ferozes quase da noite para o dia. Logo o comércio de mercadoria humana passou a crescer de forma explosiva, graças à cupidez geral e à aprovação oficial da Igreja. Nada estimulou tanto o comércio de escravos como a bula papal *Romanus Pontifex*, de 1455, expedida pelo papa Nicolau V, que concedia a Portugal o direito de "invadir, procurar, capturar, vencer e subjugar todos os sarracenos e quaisquer pagãos e outros inimigos de Cristo estabelecidos em qualquer lugar, e os reinos, ducados, principados, domínios, possessões e todos os bens móveis e imóveis que eles tenham e possuam e reduzi-los à escravidão perpétua e adequar os reinos, ducados, condados, principados, domínios, possessões e mercadorias e deles se apropriar para si mesmos e para seus sucessores e convertê-los para seu uso e proveito". O que tornou a façanha como um todo particularmente perversa foi a brutal lógica comercial com que foi empreendida.

A despeito do que se costuma acreditar, os portugueses não conduziram incursões ao interior da África para sequestrar os nativos; não foi preciso. Eles compravam escravos tanto de negociantes árabes quanto, infelizmente, de soberanos africanos. Escrevendo em 1455 da Ilha Arguin ou Argin, próxima à costa da atual Mauritânia, Alvise da Cadamosto, explorador veneziano a serviço do príncipe dom Henrique, fez uma descrição notavelmente honesta de como funcionava o tráfico:

> Vocês deveriam saber que o chamado Senhor Infante de Portugal [príncipe Henrique] arrendou esta ilha de Argin a cristãos, de forma que ninguém pode entrar na baía para comerciar com os árabes, exceto aqueles que têm a licença. Estes possuem moradias na ilha e feitorias onde compram e vendem dos citados árabes que chegam ao litoral para fazer escambo com vários tipos de mercadoria, tais como tecidos de lã, algodão, prata e *alchezeli*, isto é, capas, tapetes e artigos similares e, acima de tudo, milho, porque a comida sempre lhes falta. Os árabes dão em troca escravos que trazem da terra dos negros e ouro. O Senhor Infante, portanto, mandou construir um castelo na ilha para proteger seu comércio para sempre. Por essa razão, as caravelas portuguesas vão e vêm o ano inteiro a esta ilha... Como resultado disso, a cada ano os portugueses levam de Argin mil escravos.[5]

Nas duas últimas décadas do século XV, mais de 2 mil escravos chegavam anualmente aos mercados de Portugal, e nas ruas de Lisboa a presença de negros africanos e seus escravagistas recém-enriquecidos não era mais uma curiosidade, mas um fato da vida portuguesa.* É evidente que o

---

* O sobrenome português Negreiro, ou seja, "aquele que faz comércio de escravos negros", é um vestígio epônimo dessa época.

serviço doméstico no lar de um nobre ou de um mercador próspero, na condição de lavadeira, digamos, ou de cavalariço, era preferível ao trabalho no campo ou ao fardo de transportar mercadorias nas docas de Lisboa, mas o fato é que o destino dos escravos negros era quase sempre miserável, sobretudo se comparado ao dos tradicionais escravos brancos (na maioria inimigos capturados em combate), que ao menos desfrutavam de alguns direitos. A proibição contra a exploração sexual, concedida a escravas brancas, por exemplo, nunca era respeitada quando se tratava de suas equivalentes negras; os senhores estavam livres para, quando quisessem, impor sua vontade a sua propriedade africana. O costume era nada menos do que o estupro institucionalizado, mas os filhos ilegítimos dessas uniões ímpias entre amo e escrava nasciam livres e eram devidamente batizados na Igreja Católica. A longo prazo, o efeito dessa miscigenação persistente foi uma mudança permanente nas feições dos portugueses. Outras nações europeias, tais como Grã--Bretanha, França e Holanda, explorariam o trabalho escravo em suas colônias, mas nunca permitiriam que os africanos se tornassem uma parcela significativa da população nas metrópoles. Não foi assim com os portugueses. Em meados do século XVIII, trezentos anos depois que a primeira carga de escravos africanos foi trazida para Portugal, o país tinha se tornado definitivamente uma miscelânea racial. Quando visitantes estrangeiros descreviam Lisboa como uma "cidade africana", era a essa amálgama racial que se referiam. A ironia era inevitável; os portugueses, que estavam entre os escravagistas mais dedicados da história, com o tempo conseguiram criar, inadvertidamente, uma sociedade mestiça bastante indiferente à raça.

CAPÍTULO CINCO

UMA IDADE DE OURO, POR ASSIM DIZER

As armas e os barões assinalados
Que, da Ocidental praia lusitana
Por mares nunca dantes navegados,
Passaram ainda além da Taprobana,
Em perigos e guerras esforçados
Mais do que prometia a força humana
Entre gente remota edificaram
Novo Reino, que tanto sublimaram.

– Luís de Camões, *Os Lusíadas*.

Foram ventos contrários que levaram pela primeira vez Portugal ao Brasil. Em 1500, o rei dom Manuel I, "o Venturoso", designou Pedro Álvares Cabral para comandar uma frota destinada a refazer o caminho da viagem pioneira de Vasco da Gama em 1497-1498, na qual o lendário navegador circulara por mar o Cabo da Boa Esperança, na África, e descobrira uma rota marítima direta da Europa para o Oriente. Cabral partiu do Tejo em 9 de março com uma frota de 13 navios e 1.500 homens e a expressa missão de desenvolver negócios com a Índia por quaisquer meios, de preferência por meio de aliança, mas se necessário pela força. Perto da costa da África ocidental, tempestades impeliram a frota para tão longe da rota, no entanto, que ela alcançou a costa brasileira (a 16 graus de latitude sul), onde ancorou, auspiciosamente, na Sexta-feira Santa, 24 de abril. No domingo de Páscoa celebrou-se uma missa na presença dos perplexos nativos. Embora o novo território tenha sido prontamente declarado domínio de Portugal, parece que Cabral demonstrou pouco interesse pelo lugar. A tripulação fez algumas rápidas incursões ao interior cheio de vegetação emaranhada, recolheu provisões e alguns espécimes de plantas e madeiras exóticas e observou os nativos pagãos com um misto de curiosidade e repulsa. No dia 3 de maio a frota partiu para a Índia, seu destino original, onde havia riquezas à sua espera. A única coisa que Cabral e seus homens deixaram no Brasil foi uma cruz de pedra. As riquezas, é claro, estiveram à volta deles, mas é óbvio que Cabral não tinha ideia do que descobrira acidentalmente e tão depressa deixara para trás.

O Oriente parecia atraente e Portugal estava singularmente apto a tirar vantagem da fascinação da sociedade europeia por tudo o que era oriental. Por quase um século depois da viagem histórica de Vasco da Gama, carracas e caravelas portuguesas praticamente monopolizaram a rota marítima para a Ásia, e o país enriquecia com o comércio de pimenta e algodão da Índia, perfume e especiarias indonésias, seda e porcelana chinesas, e escravos africanos, tudo isso passando pela casa de comércio real em Lisboa, adequadamente chamada Casa da Índia. Para defender a hegemonia, Portugal dedicou-se à construção de um império, e na metade do século XVI tinha conquistado ou colonizado uma série de territórios espalhados porém estratégicos, como Angola, as Ilhas de Cabo Verde, Moçambique, Goa, Damão e Macau. Por pura proeza marítima, o diminuto Portugal, como qualquer grande comunidade comercial, de Cartago a Veneza, transformara-se em uma potência imperial. Sem o mar, teria sido na melhor das hipóteses um país marginal. O historiador e poeta português Manuel de Faria e Sousa citou um cronista chinês que dissera dos portugueses: "Em terra são como peixes, que quando os tiram da água ou do mar, logo morrem."

A magnitude da riqueza recém-descoberta e repentina inspirou um florescimento das artes, ciências e literatura numa escala que o país antes não conhecera. Entre outros humanistas, o escritor Damião de Goes, amigo tanto de

O ÚLTIMO DIA DO MUNDO   105

Lutero quanto de Erasmo, foi contratado como arquivis-
ta real e diplomata, e sua *Crônica* do reinado do rei dom
Manuel I foi a primeira história oficial de um reino português a ser escrita com espírito crítico. O teatrólogo Gil
Vicente, o grande dramaturgo da época e popular tanto
entre a elite cultural quanto entre a plebe, era também um
talentoso músico, ator e ourives. Avanços em matemática,
astronomia e geografia proporcionados por Pedro Nunes
(também conhecido como Petrus Nonius) deram aos exploradores portugueses uma vantagem nas novas técnicas
de navegação. E nas artes, uma distinta escola de pintura
influenciada pela Renascença, tendo como centro Grão
Vasco, embelezou igrejas, mosteiros e palácios que estavam
sendo construídos em grande escala e em quantidades sem
precedentes para Portugal. Muitas das novas construções
eram projetadas no singular estilo Manuelino Gótico Tardio
(assim chamado em referência a dom Manuel I), que era a
manifestação arquitetônica das riquezas e da exuberância
ornamental a que os portugueses tinham sido expostos no
Oriente. No Mosteiro dos Jerônimos, em Belém, comissio-
nado por dom Manuel I para comemorar a descoberta da
rota marítima para a Ásia e construído entre 1502 e 1525,
tanto o interior quanto o exterior apresentam na superfície uma rica decoração esculpida em pedra, com motivos
de frutos e flora tropicais, corais, boias, cordames de navio,
globos, fauna exótica e figuras de marujos, todos evocati-
vos de façanhas marítimas e terras distantes.* Essa junção
entre um novo espírito renascentista de questionamento e
uma espécie de luxo oriental deu à vida social e cultural

---

* Nem o Mosteiro dos Jerônimos nem a vizinha Torre de Belém,
outro monumento manuelino da Era dos Descobrimentos, sofreram
graves danos com o terremoto.

de Lisboa um ar cosmopolita semelhante ao de Veneza ou Roma. Enquanto os cais movimentavam os frutos de um império, os teatros, os salões, as bibliotecas e os estúdios de Lisboa prosperavam.

Infelizmente, a bonança durou pouco e o declínio foi inevitável. Os males de Portugal eram numerosos e do tipo que a riqueza conquistada, embora surpreendente, só podia aliviar temporariamente. O mais evidente era a extensão do império português, que ia do Brasil ao Arquipélago Malaio e exigia um enorme aparato civil e militar para ser administrado e controlado. A emigração da metrópole para as colônias privava Portugal de mão de obra e iniciativa extremamente necessárias no país. De uma população que em 1500 era de aproximadamente 2 milhões de pessoas, em 1586, Portugal tinha perdido quase a metade. A maioria dos emigrantes viajou para a Ásia, e estima-se que menos de dez por cento retornaram. Alguns sucumbiram a doenças tropicais, guerra ou naufrágio, enquanto outros simplesmente ficaram lá por opção. Aqueles que permaneceram em Portugal enfrentaram outras ameaças, entre as quais a peste negra e a fome. Durante um surto especialmente virulento da peste em 1569, por exemplo, apenas em Lisboa quinhentas pessoas morriam diariamente ao longo do verão. Para ajudar a remediar a falta de mão de obra, principalmente na agricultura, importaram-se escravos da África ocidental para trabalhar nos campos, mas a medida apenas agravou o problema, porque os agricultores locais, por associação, se sentiram degradados e abandonaram as terras, seguindo para vilas e cidades. O resultado foi uma proliferação de pobreza urbana e uma escassez de alimentos cada vez mais frequente. No auge de sua prosperidade, o país lutava para alimentar seus súditos.

O ÚLTIMO DIA DO MUNDO 107

A emigração pode ter sido inevitável e a peste negra implacável, mas um dos equívocos mais custosos para a monarquia no final do século XV e início do século XVI tinha sido inteiramente desnecessário, a saber, a perseguição, conversão forçada e expulsão dos judeus. Durante séculos os judeus portugueses tiveram uma existência relativamente autônoma, embora frequentemente dolorosa. Apesar de tolerados por seus vizinhos cristãos, os judeus também estavam sujeitos a uma forma de discriminação implacável e sistemática que os forçava a viver dentro dos bairros judeus ou *juderías* (guetos), a usar uma insígnia diferenciando-os dos gentios e a pagar uma taxa de 30 *dinheiros*, alusão maliciosa às 30 moedas de prata pagas a Judas Iscariotes. Apesar dessas humilhações, no entanto, a maior parte dos judeus portugueses era notavelmente mais instruída que os súditos cristãos. Lisboa ostentava várias prensas tipográficas de língua hebraica; muitos judeus eram bem-versados em filosofia grega e árabe e se sobressaíam em matemática, astronomia, finanças, administração pública e medicina. Tanto o rei dom João II quanto seu sucessor, dom Manuel I, confiavam a saúde a médicos judeus; Vasco da Gama utilizava instrumentos náuticos fornecidos pelo judeu Abraham ben Samuel Zacuto; e os judeus eram essenciais na promoção de negócios com a Ásia. Eram, em suma, os elementos mais dinâmicos e bem-educados da sociedade portuguesa. Não é de surpreender que tenham sido a Igreja e as classes nobres que alimentaram o antissemitismo em larga escala, a primeira por causa da falaciosa dívida de sangue pela morte de Jesus Cristo, as últimas, por invejarem a riqueza e a cultura dos judeus.

Os monarcas espanhóis Fernando e Isabel, *Los Reyes Católicos*, fizeram frente à questão. Depois da expulsão dos mouros e dos judeus da Espanha em 1492, Portugal concedeu asilo a quase 100 mil refugiados judeus, em troca do pagamento de um pesado imposto *per capita*, com a condição de que eles deixassem o país em oito meses a bordo de navios a serem fornecidos pelo rei dom João II. Quando essas naus não se concretizaram, os refugiados judeus foram escravizados, suas famílias separadas, e as crianças enviadas para trabalhar nas plantações de cana de açúcar na Ilha de São Tomé, no Golfo de Guiné. Em 1496, dom Manuel I, recém-elevado ao trono português, pediu em casamento Isabella, filha de Fernando e Isabel da Espanha, para promover a unidade ibérica e consolidar um império global. Os monarcas espanhóis em princípio aprovavam a união, mas impuseram uma condição *sine qua non*: Portugal tinha de livrar seu reino dos judeus. É claro que as repercussões econômicas e culturais de um tal êxodo teriam sido devastadoras para Portugal; assim sendo, o rei dom Manuel I ordenou que os judeus se convertessem ao cristianismo ou que fossem para o exílio na África. Dezenas de judeus se suicidaram em desespero, outros se submeteram com relutância ao novo credo, e outros, ainda, se recusaram a renunciar a sua fé e partiram para o exílio.

Os convertidos à força ficaram conhecidos como "cristãos-novos" ou, mais comumente, marranos, mas a conversão não trouxe paz, e os pogroms eram frequentes. Durante a Semana Santa em Lisboa em 1506, frades dominicanos conduziram uma turba furiosa pelas ruas, caçando e massacrando a maior parte da população judaica da cidade, inclusive os conversos; o banho de sangue durou três dias, e milhares foram assassinados. A introdução do Santo Ofício da Inquisição, em 1536, apenas piorou a situação. Dissidentes, heréticos e "cristãos-novos" suspeitos de praticar a religião judaica eram as vítimas mais comuns da Inquisição, e eram perseguidos, julgados e executados com entusiasmo assustador. O destino dos judeus prósperos era especialmente incerto, porque a Inquisição pagava a sua extensa rede de informantes com as propriedades confiscadas dos condenados. Umas poucas palavras envenenadas de um vizinho invejoso bastavam para montar uma acusação, e aos acusados nunca era permitido confrontar os seus acusadores. Em meados do século XVI, os judeus emigravam em número cada vez maior; eles se estabeleceram no Levante, no norte da África e na Holanda, um oásis de tolerância religiosa na Europa cristã, onde os holandeses os receberam bem por sua riqueza, seu empreendimento e sua cultura. Logo, o prejuízo que Portugal causou a si próprio resultou em lucro para a Holanda; os comerciantes holandeses, amplamente assistidos pelo capital, pelos contatos e pela perspicácia comercial judaicos, tornaram-se um dos mais determinados rivais dos portugueses no comércio global.*

No mínimo desde a Idade Média, a Igreja Católica tinha empregado algum tipo de corpo inquisitorial como forma de suprimir a heresia e preservar a unidade do cristianismo. Esses tribunais medievais, no entanto, tendiam a ser localizados e temporários, surgindo onde e quando um desvio doutrinal notável ameaçasse se tornar uma rebelião religiosa em grande escala. A mais notória dessas primeiras campanhas inquisitoriais foi empreendida contra a heresia albigensiana no sul da França nos séculos XII e XIII; mi-

---

* Os descendentes de muitos desses judeus do êxodo dos séculos XVI e XVII, entre os quais o filósofo Baruch Spinoza, encontraram um campo fértil na Holanda. Poucos, no entanto, foram tão esplendidamente bem-sucedidos quanto Isaac de Pinto (1717-1787), que ajudou a fundar a Companhia Unida das Índias Orientais e se tornou um dos homens mais ricos de Amsterdã. O edifício em estilo italianizado Pintohuis, na Sint Antoniesbreestraat, que é hoje uma biblioteca pública, era a suntuosa residência da família.

lhares de cátaros ou suspeitos de serem cátaros, que professavam com veemência doutrinas anticlericais desafiando *qualquer* autoridade eclesiástica, foram impiedosamente massacrados. Mas o Santo Ofício da Inquisição, estabelecido na Espanha no fim do século XV e importado por Portugal em 1536, era diferente de qualquer outro tribunal inquisitório anterior, porque se reportava apenas à Coroa, e não ao papa, e suas atividades envolviam tanto questões de poder do Estado depois da Reconquista como a pureza doutrinal da fé. O uso sistemático de tortura, julgamentos espetaculares e terríveis autos de fé públicos pela Inquisição constituiu um regime extremamente eficaz de terror institucionalizado e contribuiu para o surgimento da chamada Lenda Negra, que retratava toda a Ibéria coberta por um manto de fanatismo, intolerância, violência e morte.

Na verdade, ninguém propagou a Lenda Negra de forma mais resoluta do que os propagandistas protestantes, mas instituições como a Inquisição lhes ofereciam uma oportunidade extremamente cômoda. Os abusos do Santo Ofício foram descritos em detalhes excruciantes por uma enxurrada de livros e panfletos publicados no norte da Europa no século XVI, mas poucos foram tão bem-sucedidos na promoção do preconceito anticatólico ou tão duradouros em sua influência quanto *O Livro dos Mártires*, de John Foxe (1554 em latim, 1563 em inglês) e *Sanctae Inquisitionis Hispanicae Artes* (Artes da Santa Inquisição Espanhola), publicado em 1567 sob o pseudônimo de Reginaldus Gonsalvus Montanus.* Em um grande número de lares firmemente protestantes na Europa setentrional, na Inglaterra

---

* Muito provavelmente Montanus era o pseudônimo de Antonio Del Coro, um teólogo e ex-monge do Mosteiro de San Isidro, em Sevilha, que se convertera ao calvinismo e vivia exilado em Antuérpia.

e nas colônias americanas, o *Livro dos Mártires* e Montanus estavam entre as poucas obras, afora a Bíblia, que as famílias comuns desejavam ter sob seu teto. Embora o livro de Foxe compreendesse uma crônica exaustiva da perseguição cristã desde o reino de Nero até o da rainha Maria I da Inglaterra, conhecida como "Maria, a Sanguinária", algumas das cenas mais horripilantes da obra descreviam práticas e procedimentos das Inquisições espanhola e portuguesa, e durante séculos iriam infundir nas consciências dos protestantes uma repugnância por tudo o que fosse católico. Foxe poupou poucos detalhes, por exemplo, dos complicados mecanismos de tortura a que um sobrevivente anônimo tinha sido submetido na prisão da Inquisição em Lisboa:

> Os inquisidores permitem que a tortura seja usada apenas três vezes, mas durante essas vezes ela é infligida de forma tão severa que ou o prisioneiro morre sob seu efeito, ou fica para sempre aleijado...
>
> Na primeira vez em que houve a tortura, seis carrascos entraram, despiram-no até ele ficar só com as roupas de baixo e o puseram de costas em uma espécie de estrado, elevado alguns centímetros acima do chão. A operação começou com um colar de ferro sendo colocado em torno de seu pescoço e um anel em cada pé, que o prendiam ao estrado. Com os membros dele assim esticados, eles enrolaram duas cordas em torno de cada coxa; tendo as cordas sido passadas por baixo do estrado, por buracos feitos para isso, foram todas apertadas no mesmo instante por quatro homens, a um dado sinal.
>
> É fácil imaginar que as dores que imediatamente sucederam foram intoleráveis; as cordas,

que eram finas, cortaram a carne do prisioneiro até o osso, fazendo o sangue jorrar em oito lugares diferentes assim amarrados ao mesmo tempo. Como o prisioneiro persistiu em não confessar nada do que os inquisidores queriam, as cordas foram esticadas desta maneira quatro vezes seguidas.[1]

Essa barbaridade legalmente sancionada – sendo a heresia um crime civil e a tortura um traço comum da jurisprudência do século XVIII – continuou em duas visitas subsequentes à câmara de tortura, com métodos de tormento cada vez mais macabros, até que a vítima, teimando em proclamar sua inocência, foi libertada "aleijada e adoecida para sempre". Mas ele estava entre os que tiveram sorte. Para aqueles condenados a um auto de fé na praça do Rossio, o pesadelo se prolongava com um ritual de humilhação pública, purificação espiritual e morte. As vítimas, já arrasadas pela tortura e pelo calabouço, eram desfiladas diante da multidão vestindo o *san benito*, uma túnica ou escapulário de pano amarelo ordinário, usada pelos penitentes, e o chapéu alto e cônico conhecido como *coroza*. Nas mãos, seguravam velas. Cada *san benito* era pintado com um retrato de quem o vestia e imagens que definiam o seu destino: se a túnica estivesse adornada com uma cruz, o indivíduo estava sentenciado apenas a uma penitência suplementar; se o *san benito* estivesse pintado com chamas que se estendiam para baixo, isso significava que o penitente tinha se submetido a uma rápida conversão e, assim, tinha o privilégio de ser estrangulado antes de ser queimado; se a vítima fosse um herético impenitente, judaizante, protestante, místico ou uma bruxa, o *san benito* trazia um floreio de chamas, dragões e demônios, indicando que esse impenitente devia ser

O ÚLTIMO DIA DO MUNDO 113

queimado vivo.* Antes que a vítima fosse estrangulada e/ou queimada, no entanto, faziam-se orações solenes; um sermão estrondoso era dirigido a uma multidão morbidamente animada, que por vezes chegava a milhares de pessoas; e a sentença final era lida por um inquisidor sacerdotal:

> Nós, os inquisidores da pravidade heréti-
> ca, tendo, com a concordância do mais ilustre
> _____, o senhor arcebispo de Lisboa
> [...] invocado o nome de Nosso Senhor Jesus
> Cristo e sua mãe gloriosa, a Virgem Maria, e fa-
> zendo julgamento em nosso tribunal e julgando
> de acordo com o evangelho sagrado, de forma tal
> que nosso julgamento possa estar à vista de Deus
> e possam nossos olhos observar o que é justo
> a respeito de todas as coisas [...] Nós, portan-
> to, por meio desta sentença lavrada, definimos,
> pronunciamos, declaramos e te sentenciamos (o
> prisioneiro), da cidade de Lisboa, como herético
> condenado, confessado, afirmativo e ostensivo; e
> a ser entregue e deixado por nós como tal ao bra-
> ço secular; e nós, por meio desta nossa sentença,
> te expulsamos do tribunal eclesiástico como he-
> rético condenado, confessado, afirmativo e osten-
> sivo; e te deixamos e entregamos ao braço secular
> e ao poder do tribunal secular, mas ao mesmo
> tempo suplicamos com máxima seriedade que
> esse tribunal modere sua sentença de forma a não

---

* Os *san benitos*, pintados com o retrato de cada penitente, eram com frequência exibidos na Igreja de São Domingos como uma desgraça a mais para a família da vítima e um lembrete, amedrontador para a população, do preço da heresia.

tocar teu sangue nem pôr tua vida em qualquer espécie de perigo.[2]

Ao entregar o condenado ao tribunal secular, a Igreja sem dúvida tentava aliviar uma consciência manchada de sangue, mas pouco fazia para se isentar de sua responsabilidade final. Em assuntos relativos à fé, os poderes temporais dependiam fortemente da ordem eclesiástica e tinham de cumprir a exigência de agir contra a heresia. Ao suplicar com seriedade ao tribunal que não tocasse no sangue da vítima, os inquisidores estavam fazendo um pedido que não era sincero, e o resultado era invariavelmente o mesmo – as fogueiras eram acesas e se permitia que um padre proferisse uma calúnia final, contando aos miseráveis que se contorciam na fogueira que o diabo os esperava para receber suas almas e levá-las para as chamas do inferno. Amém.

É incontestável que as Inquisições da Espanha e de Portugal eram abomináveis; qualquer tentativa desencaminhada de coagir a consciência humana por meio de uma espada exterminadora, por mais sublime que seja o motivo – neste caso, nada menos ambicioso que a unidade de todo o cristianismo –, é em si antitética. A Inquisição era eminentemente merecedora de todas as denúncias feitas contra ela, e, no entanto, o clamor dos protestantes que se diziam chocados com a intolerância religiosa da Ibéria e abalados pelas histórias de tortura implacável e execuções ritualizadas era ao mesmo tempo conveniente e hipócrita. Como armas na propaganda religiosa do século XVI, obras como o *Livro dos Mártires*, de Foxe, eram uma força potente, mas essas diatribes permaneceram na maior parte silenciosas ou foram escandalosamente benevolentes quando se tratava dos terrores que ocorriam em nome da fé reformada no mundo protestante. A perseguição de heréticos não era uma invenção católica; na verdade, suas raízes se encontravam na lei mosaica: "... Quem amaldiçoar a Deus deverá pagar pelo pecado. E quem blasfemar o nome do Senhor, será punido de morte. A comunidade toda o apedrejará. Seja estrangeiro ou natural do país, deverá morrer quem blasfemar o nome do Senhor." (Levítico 24: 15-16). O que o catolicismo romano aprovava em nome da ortodoxia era cruel, mas o conceito de heresia era especialmente incômodo para um protestante, porque o protestantismo surgiu, acima de tudo, para defender o direito e a liberdade de interpretação. Entretanto, em sociedades protestantes do século XVI, os heréticos também podiam ser aprisionados, exilados, despojados de seus bens, torturados, enforcados, decapitados ou queimados na fogueira. Lutero tolerava explicitamente a pena capital para heréticos impenitentes; assim o fez também Melanchthon, sem falar em Calvino. Embora a propaganda protestante se ocupasse em alfinetar o fanatismo "românico", a perseguição religiosa na Genebra de João Calvino transformara a antes sonolenta capital provincial em uma cidade-estado teocrática:

> Peças de teatro, divertimentos, festas populares e todo tipo de dança ou brincadeira eram proibidos. Até mesmo um esporte tão inocente como a patinação atiçava o mau humor de Calvino. As únicas roupas toleradas eram sóbrias e quase monásticas. Os alfaiates, por conseguinte, estavam proibidos, a não ser que tivessem permissão especial das autoridades da cidade, de talhar de acordo com a nova moda. As moças eram proibidas de vestir seda antes que tivessem completado 15 anos; acima dessa idade, não lhes era permitido usar veludo... A renda era proibida; as luvas eram

proibidas; os babados e os sapatos vazados eram proibidos. Era proibido o uso de liteiras e de carruagens com rodas. Eram proibidas festas de família a que mais de vinte pessoas tivessem sido convidadas... Nenhum outro vinho além do tinto da região podia ser ingerido, enquanto a caça, fosse de quadrúpedes ou aves, e a confeitaria eram proibidas. Pessoas casadas não tinham permisssão para se presentearem no dia do casamento nem até seis meses depois... Nenhum livro podia ser impresso sem uma permissão especial... Era proibida, e considerada o crime dos crimes, qualquer crítica à ditadura de Calvino; e o arauto, precedido pelos tocadores de tambor, advertia solenemente os cidadãos de que "não deve haver discussão de assuntos públicos, exceto na presença do Conselho da Cidade".[3]

E naturalmente, nessa rabugenta "Cidade de Deus" suíça, a heresia era proibida. Durante os primeiros cinco anos do domínio de Calvino, de 1541 a 1546, 13 pessoas foram enforcadas, dez decapitadas, 35 queimadas na fogueira e 76 forçadas a ir para o exílio, todas por se oporem às doutrinas calvinistas. Em 1533, Michael Servetus, um teólogo nascido na Espanha e convertido ao protestantismo, que tinha pontos de vista menos ortodoxos, chegou a Genebra para pedir uma audiência com Calvino, que prontamente mandou prendê-lo. Acusado de heresia por ter negado a Trindade, foi queimado na fogueira.

É verdade que o terror calvinista estava longe de ser típico, mas em outras partes da Europa protestante a tolerância religiosa de modo algum era a norma. Na Inglaterra, a pena de morte por heresia só foi riscada dos livros da lei

O ÚLTIMO DIA DO MUNDO 117

em 1677. Ainda em 1697, um estudante de 18 anos chamado Thomas Aikenhead foi enforcado em Edimburgo; havia supostamente ridicularizado Cristo como impostor e rejeitado a Trindade, a Encarnação e a Redenção. E na Salém puritana, em Massachusetts, 19 pessoas foram enforcadas e uma morreu esmagada no delírio de feitiçaria de 1692. Pode-se argumentar que esses crimes protestantes eram eventuais e localizados, enquanto as Inquisições em Portugal e na Espanha, ao contrário, foram instituições entrincheiradas que operaram sem limite algum, com zelo e eficiência incomuns, durante séculos. Isso, sem dúvida, é verdade. O grau de perseguição religiosa na Ibéria era nitidamente pior que o das sociedades protestantes. Do começo da Inquisição em Portugal, em 1536, ao último auto de fé em Lisboa, em 1765, o Santo Ofício julgou cerca de 40 mil casos e condenou quase 2 mil *impenitentes* à morte; outros milhares foram vítimas de tortura, exílio e ruína econômica. Compreensivelmente, tudo isso constitui um estigma.

Infelizmente, o Santo Ofício não se interessava apenas por heréticos e judeus recalcitrantes, embora estes fossem de longe suas vítimas mais comuns. A perseguição da ortodoxia religiosa levou a Inquisição a instituir um sistema de censura extremado, que suprimia qualquer nova ideia tida como ameaçadora para a autoridade da Igreja. Qualquer material impresso, antes da publicação, tinha de ser revisado pelos censores da Inquisição, cujos critérios certamente não eram nem um pouco esclarecidos. Enquanto poesia e romances eram costumeiramente aprovados pelos censores, com frequência obras históricas eram adulteradas para se conformar às exegeses eclesiásticas, e qualquer novo tratado filosófico ou científico era imediatamente proibido. O escrutínio implacável sufocou a investigação intelectual e teve um efeito devastador na educação superior. Na Universidade de Coimbra, uma das mais antigas (estabelecida em 1308) e de maior prestígio na Europa, onde a elite do país era preparada para assumir o poder, a censura ameaçava reduzir o currículo ao tradicional estudo medieval de teologia, direito canônico, direito civil e medicina. As aulas sobre matemática, filosofia, lógica e ciências naturais eram devidamente silenciadas. Em 1547, o humanista e poeta escocês George Buchanan estava lecionando em Coimbra quando foi denunciado e levado perante o tribunal da Inquisição, acusado de práticas judaicas e luteranas.* Buchanan admitiu que as acusações não eram inteiramente infundadas e fez em seguida uma defesa apaixonada da tolerância religiosa e do legado espiritual dos judeus. Mas os inquisidores, antissemitas fanáticos, eram surdos à reforma e mais ainda à liberdade de consciência, e Buchanan foi sentenciado a se retratar de seus erros teológicos e a ser encarcerado no Mosteiro de São Bento, em Lisboa. Por sete meses, ele foi submetido a sermões edificantes por parte dos monges beneditinos, a quem considerava "não descorteses, mas ignorantes", até, finalmente, ser libertado.

Esse caso era uma indicação do que aguardava as mentes abertas e os intelectuais estrangeiros em Portugal e o que a Inquisição estava disposta a fazer para preservar a ortodoxia católica. Em meados do século, todo o sistema educacional foi posto nas mãos da Sociedade de Jesus, ou jesuítas, a recém-formada ordem militante que assumira a missão educacional da Contrarreforma. A Universidade de Coimbra foi expurgada de livres-pensadores, e em 1558 os

---

* A causa de Buchanan tampouco foi ajudada pelo fato de ele ser o autor do conhecido poema *Somnium*, um ataque satírico aos franciscanos e à vida monástica em geral.

O ÚLTIMO DIA DO MUNDO   119

jesuítas estabeleceram sua própria universidade em Évora, onde o currículo incluía Aristóteles, santo Agostinho, Boécio e, sobretudo, são Tomás de Aquino, por sua ênfase na obediência; Erasmo, Copérnico e Wycliffe estavam, notavelmente, ausentes. E para impedir a literatura vernacular que estava varrendo a Europa de corromper as mentes jovens de Portugal, os jesuítas insistiram em ensinar exclusivamente em latim. O efeito dessa reação conservadora na educação dos portugueses era bastante previsível: enquanto grande parte da Europa setentrional estava imbuída de um recém-descoberto espírito humanista e religioso, Portugal deslizava silenciosamente de volta para a Idade Média.

O controle eclesiástico da educação e dos tribunais não teria sido possível sem o apoio declarado da monarquia. Sob o reinado de dom Manuel I (1495-1521), nunca foi permitido à Igreja Católica se intrometer na prerrogativa do rei, mas o filho e sucessor de dom Manuel, dom João III, tinha uma índole mais fervorosa. Embora dom João III tenha assumido o trono no auge do império de Portugal, ele raramente convocava as Cortes (o Parlamento português) para consulta, e seu governo era cada vez mais orientado pela influência de seus conselheiros eclesiásticos. Foi ele quem requereu a Roma a introdução do Santo Ofício da Inquisição em Portugal e foi ele quem permitiu que a instituição se tornasse efetivamente um Estado dentro do Estado português. Quando dom João III morreu, em 1557, sem um filho para sucedê-lo, o trono passou para seu neto, Sebastião, com 3 anos de idade. Enquanto o rei infante era preparado para o poder por tutores jesuítas, o país foi governado por uma junta de regentes composta pela rainha dona Catarina, filha fanática de Isabel, a Católica, e pelo príncipe dom Henrique, cardeal e inquisidor geral de

Portugal. A separação entre a Igreja e a Coroa praticamente não existia.

Dom Sebastião era teimoso, porém pouco inteligente, condição fatal para um monarca, e seu breve reinado foi marcado por uma subserviência quase total a seu séquito jesuíta. Embora fosse, juntamente com seu tio-avô, o cardeal Henrique, o único herdeiro legítimo da Casa de Avis, que tinha governado Portugal desde o fim do século XIV, dom Sebastião tinha um traço ascético e se recusou enfaticamente a casar. Suas paixões estavam mais concentradas na expansão do império e nas Cruzadas; seu herói mais acalentado era dom João da Áustria, que derrotou os turcos na grande batalha naval de Lepanto, em 1571. Num momento em que o império português esgotava gradualmente a mão de obra e os recursos financeiros da pátria mãe, Sebastião embarcou em uma cruzada contra os infiéis do Marrocos em uma tentativa de melhorar a situação de seu país. A maior parte do exército de Portugal defendia as distantes conquistas do país na Ásia, mas Sebastião exortou os "novos cristãos" a custear uma força maltrapilha formada por soldados meninos, veteranos cansados e mercenários diversos. No verão de 1578, dom Sebastião zarpou de Lisboa com 18 mil homens e um desejo enorme de derrotar os mouros. Ao desembarcar em Arzila, dom Sebastião proclamou o Marrocos uma suserania portuguesa e seguiu por terra para enfrentar os exércitos muçulmanos. Depois de uma marcha infernal no deserto sob o sol de agosto, dom Sebastião e suas tropas acamparam perto de Alcácer-Quibir, e na manhã de 4 de agosto foram cercados pelo exército do sultão Abd Al--Malik, bem mais numeroso. Foi uma derrota desastrosa. Dom Sebastião foi morto e seu exército foi praticamente aniquilado em um dos episódios mais temerários da história de Portugal. E mais, o casto dom Sebastião não deixou

O ÚLTIMO DIA DO MUNDO   121

herdeiros, esgotou-se a Casa de Avis, e o país se preparou para uma batalha pela sucessão.*

A Espanha aguardava com avidez justamente essa reviravolta do destino. A unificação da península Ibérica estava sendo realizada devagar, porém inexoravelmente, desde o início da Reconquista Cristã, no século VIII. O antigo reino das Astúrias tinha se unido ao de Leão, o de Leão ao de Castela, o de Castela aos de Aragão, Catalunha e Andaluzia. O único que se mantinha independente era Portugal. Os pretendentes ao trono português eram Catarina, duquesa de Bragança; Antônio, prior de Crato; Ranuccio, duque de Parma; Filiberto, duque de Saboia; e Felipe II, rei da Espanha. De fato, havia pouca disputa no que dizia respeito a poder e influência; Felipe II, o pretendente Habsburgo, tinha o apoio da maioria esmagadora da Igreja Católica, especialmente dos jesuítas, e, ainda mais importante, tinha a força militar da Espanha para sustentá-lo. Em 1581, ele enviou um exército através da fronteira de Portugal, sob o comando do duque de Alba, e em Alcântara derrotou um bando de legalistas. Logo depois, Felipe II, que adotou o título português de dom Filipe I, foi coroado rei. A unificação da Ibéria estava completa, e a Espanha era dona de um império mundial que se estendia do Caribe à Índia.

A entrada da Espanha em Portugal não constituía de todo uma intrusão. De fato, em termos de dinastia, a reivindicação de Felipe ao trono era bastante legítima. Muitos portugueses eram favoráveis à união e muitos

---

* Tão logo as notícias da derrota alcançaram Portugal, espalhou-se o boato de que dom Sebastião tinha sobrevivido à batalha e um dia retornaria e restauraria a antiga glória do país. Com o tempo, o boato evoluiu para um tipo de culto messiânico conhecido como sebastianismo, que englobava milhares de devotos. Através dos séculos, dezenas de impostores surgiram dizendo ser o *rei encuberto*.

outros a entenderam como lógica ou ao menos inevitável. Sabiamente, Felipe II agiu com delicadeza em relação à autonomia portuguesa e tomou cuidado para não ferir o orgulho da nação. Pelas Cortes de Tomar, que formalizaram a união em 1581, a Espanha concordou em considerar Portugal não território conquistado, mas um reino separado, e suas colônias na Ásia, na África e no Brasil continuariam sendo portuguesas. As Cortes deveriam se reunir regularmente (algo que quase não ocorrera desde a morte de dom Manuel I, em 1521), e um conselho privado português seria consultado sobre questões pertinentes a Portugal. As vantagens da união eram práticas e de grande alcance. Para começar, a fronteira Portugal-Espanha, cuja defesa absorvera durante séculos uma quantidade desproporcional de mão de obra e recursos, de repente foi aberta (para grande consternação de contrabandistas, ladrões de cavalo, traficantes de armas e outros). Os negociantes portugueses viram seus mercados potenciais serem multiplicados por dez; e a corte portuguesa foi de imediato exposta à corte da Espanha, mais sofisticada e poderosa. No nível popular, os sentimentos de patriotismo cultural baseado em um idioma e uma história distintos pareciam controversos. Nenhuma revolta se seguiu; nenhuma rebelião se formou; nenhuma conspiração foi planejada, por enquanto.

A percepção das desvantagens da unificação não tardou a surgir. A diplomacia portuguesa sempre buscara aliados para evitar confrontos militares com os maiores Estados europeus. O país não tinha reivindicações territoriais na Europa e jamais tentara se expandir no continente. Notavelmente, as fronteiras de Portugal não haviam mudado desde a queda do "Reino Ocidental" dos muçulmanos no Algarve, em meados do século XIII. Por sua associação com a Espanha, no entanto, Portugal de repente acumulou

O ÚLTIMO DIA DO MUNDO

uma horda de inimigos poderosos, entre eles Inglaterra, França e Holanda; e agora tanto Portugal quanto suas colônias difusas estavam expostos a incursões hostis. Os ingleses saquearam Faro, no Algarve, em 1596, e os Açores um ano depois. Ingleses, franceses e holandeses faziam incursões no Brasil e com frequência combatiam ou hostilizavam a frota portuguesa. No Oriente, os holandeses atacaram os portugueses no Ceilão em 1601 e um ano depois derrotaram uma poderosa frota portuguesa perto das ilhas Banda, no arquipélago das Molucas. Em 1608, a Holanda forçou Portugal a assinar um humilhante armistício de 12 anos que lhe dava carta branca para expandir seu comércio asiático à custa de Portugal. No início do século XVII, Portugal já não tinha a supremacia no mar, nem desfrutava de um monopólio da rota marítima para a Ásia ou para os mercados do Oriente. Além disso, sendo pouco mais do que um apêndice da Espanha, Portugal se via incapaz de negociar tratados independentes ou acordos de paz em separado. Tornara-se refém da sorte da Espanha, e a tão comemorada união começava a parecer menos uma oportunidade histórica do que uma capitulação nacional não muito sutil.

Acontecimentos na Ibéria estimularam uma rebelião portuguesa. Em 1640, Portugal já vivera sob três monarcas espanhóis e as formalidades do acordo de Tomar eram apenas retórica vazia. As Cortes tinham se reunido apenas duas vezes em quase sessenta anos. Portugal sucumbira ao humilhante domínio cultural dos espanhóis, e o país era incessantemente tributado e privado de homens sadios, levados para lutar nas batalhas espanholas contra os franceses na Guerra dos Trinta Anos. Não havia uma classe na sociedade portuguesa que não tivesse sido de alguma forma injustiçada pelas políticas espanholas. Os nobres reclamavam da presença maciça e da influência dos cortesãos espanhóis;

os donos de terras se ressentiam do peso dos impostos espanhóis e da perda de sua melhor mão de obra para as fileiras militares. Os mercadores e comerciantes viam os outrora prósperos territórios coloniais entrarem em colapso e grande parte de suas cargas valiosas ser interceptada por rivais estrangeiros. Até os jesuítas, os mais estridentes defensores da unificação ibérica, começaram a considerar a hipótese de se livrar do jugo espanhol. A centelha de rebelião surgiu na Catalunha, a província historicamente contenciosa localizada no nordeste da Espanha. No verão de 1640, os catalães se rebelaram contra Felipe IV e seu ministro, o duque de Olivares, pelos mesmos motivos que inspiravam a ira dos portugueses: alistamento militar obrigatório, níveis abusivos de tributação e um desprezo completo por direitos e costumes seculares. Felipe IV mais uma vez recorreu a Portugal e ordenou que se formasse um exército para marchar pela extensão da península e sufocar a insurreição catalã no leste.

Os portugueses se recusaram. Não foi uma revolta popular, mas antes um ato de desafio por parte dos grandes proprietários de terra das planícies centrais de Portugal, que não podiam suportar a conscrição de mais soldados e se recusaram a esmagar compatriotas ibéricos com quem não tinham nenhuma desavença.* Sabendo muito bem que as tropas espanholas seriam incapazes de combater rebeliões em duas frentes, os portugueses aproveitaram a oportunidade. Um grupo de conspiradores formado por nobres descontentes, inspirado por João Pinto Ribeiro, professor na Universidade de Coimbra, propôs a João,

---

* Uma genuína revolta popular camponesa contra as políticas espanholas estourou em Évora em 1637, mas a iniciativa careceu de organização e do apoio da classe média e dos nobres, e foi rápida e brutalmente esmagada.

o duque de Bragança e descendente de dom Manuel I, que liderasse a revolta e restaurasse a independência de Portugal. O duque, contudo, era indolente por natureza e, o que é compreensível, desconfiava da rebelião. A família Bragança era a mais rica de Portugal e a maior proprietária privada de terras do país; se a conspiração fracassasse, eles provavelmente perderiam tudo. Como era de se prever, João vacilou, mas foi persuadido por ninguém menos do que sua esposa espanhola, *doña* Luisa de Guzmán. Em 1º de dezembro, os rebeldes invadiram o Paço da Ribeira e expulsaram a autoridade residente da coroa espanhola, Margarida de Saboia, duquesa de Mântua, e seu inchado séquito de cortesãos espanhóis e italianos. As guarnições espanholas, com um número muito menor de tropas, ofereceram pouca resistência e os soldados foram expulsos. Em 13 de dezembro, o duque de Bragança foi coroado com o título de dom João IV (a história iria alcunhá-lo "o Restaurador") e prontamente reconhecido por Inglaterra, França e Holanda, as mesmas potências que com tanta frequência tinham atacado Portugal sob o domínio espanhol. A Espanha, infelizmente, era impotente para evitar a restauração portuguesa; os exércitos castelhanos estavam muito ocupados reprimindo os catalães no outro lado da península. Os sessenta anos do Cativeiro Babilônico terminaram quase sem uma gota de sangue derramada, e Portugal voltou a ser independente. A Catalunha, ao contrário, sentiu todo o peso da vingança castelhana e acabou sendo forçada à submissão por falta de alimentos.

Portugal alcançara a independência rapidamente, quase sem esforço, mas ela duraria pouco, a menos que o país pudesse encontrar um protetor entre as maiores potências. A França apoiara ativamente o rompimento de Portugal com a Espanha, não por causa de qualquer noção altruísta de estadismo, mas pelo efeito debilitante que o rompimento tinha sobre seu arquirrival espanhol. Contudo, uma vez completada a restauração portuguesa, a França se mostrou bastante indiferente ao destino do país. O auge do cinismo francês ocorreu em 1647, quando o cardeal Mazarin, ministro das Relações Exteriores de Luís XIV, ofereceu o trono português a um amigo, o duque de Longueville; a trama não teve consequências, mas provou como Portugal estava vulnerável. Também os holandeses logo reconheceram a independência portuguesa, mas a rivalidade comercial entre os dois países na Ásia, na África e no Brasil era uma fonte de tensão constante e de frequentes hostilidades armadas, e uma aliança sólida não parecia plausível.* Quanto à Inglaterra, Carlos I lidava com uma rebelião própria, da parte dos escoceses, e vivia um impasse com o parlamento. Com certeza, ele dispunha de pouco tempo ou recursos para acalmar os portugueses. Portugal teria de resistir sozinho e, de modo geral, conseguiu se defender. Até sua morte, em 1656, dom João IV conseguiu repelir várias tentativas por parte da Espanha de reconquistar o país. Em 1654, Portugal finalmente também conseguiu expulsar os holandeses do Brasil e transformou a colônia em um principado no qual o herdeiro do trono português foi investido com o título de príncipe do Brasil. Apesar do custo de expulsar os holandeses e dos impostos cobrados pelos portugueses, o Brasil ficava cada vez mais próspero. Açúcar, fumo, madeira, café e couro brasileiros eram facilmente comercializados nos mercados da Europa, e a renda ajudava a compensar Portugal das perdas na Ásia.

---

* Em 1641, os holandeses capturaram Luanda, na África ocidental, o território de escravidão mais extenso de Portugal, e o mantiveram em seu poder por sete anos.

O ÚLTIMO DIA DO MUNDO   127

A procura por um aliado resoluto que tivesse a força marítima necessária para ajudar a defender os domínios portugueses foi finalmente resolvida por um casamento de conveniência, um recurso comum na Europa do século XVII. Em 1661, Catarina, filha de dom João IV, foi oferecida em matrimônio a Carlos II da Inglaterra. (Primeiro ela foi oferecida a Luís XIV, o Rei Sol, mas as negociações do casamento fracassaram). Os arranjos matrimoniais foram estabelecidos em um tratado entre ingleses e portugueses que preparou o caminho para relações sempre mais próximas entre os dois países. O dote de Catarina não era nada desprezível: além de 2 milhões em moedas de ouro, Portugal cedeu aos ingleses Tânger e Bombaim.* Pelos cálculos de Portugal, era um preço pequeno a pagar pela sobrevivência. Doravante, a Inglaterra prometia proteger Portugal na terra e no mar, ou seja, da Espanha e da Holanda, e os portugueses poderiam tentar remediar a situação decadente do país. Em meados do século XVII, os impérios asiáticos e africanos de Portugal estavam definhando, e o país voltou seu olhar e suas esperanças para o outro lado do Atlântico, para o grande potencial que era o Brasil.

No final dos anos de 1690, um grupo de exploradores portugueses, caçadores de fortunas e escravos encontrou, por acaso, extensas jazidas de ouro na província brasileira de Minas Gerais. A descoberta desencadeou uma corrida em busca do ouro por parte de fazendeiros brancos e seus escravos africanos e nativos, bem como de qualquer português sem sorte com um desejo insaciável de enriquecer rapidamente nos garimpos sem lei do interior do Brasil. Milhares

---

* A capacidade que tem um dote de marcar o curso da História fica muito clara quando se considera que a cessão de Bombaim deu à Inglaterra sua primeira base no subcontinente indiano.

se juntaram à corrente, especialmente aqueles das províncias empobrecidas do norte de Portugal, que ainda viviam em condições quase feudais e não tinham, literalmente, nada a perder. Não é de surpreender que eles tenham se dedicado com enorme prazer à mineração. Em 1700, as minas produziram 1,5 tonelada de ouro, uma espécie de filão; cinco anos depois, o tesouro tinha chegado a 17 toneladas. Logo, mais jazidas de ouro foram encontradas em Mato Grosso, seguidas por uma nova descoberta de diamantes e uma constelação de outras pedras preciosas. O Brasil, a joia da coroa portuguesa, começava a se parecer com o verdadeiro Eldorado. A idade de ouro de Portugal tinha começado, e isso não era apenas uma metáfora.

Dom João V ascendeu ao trono em 1707, bem a tempo de colher os frutos da bonança brasileira. Por lei, os cofres reais recebiam um quinto de toda a produção de ouro; diamantes com mais de vinte quilates eram considerados *regalia*, ou presentes para o monarca. A família real portuguesa prontamente tornou-se uma das mais ricas da Europa, mas raras vezes o reino prosperara menos. A enorme quantidade de ouro em barra importada pelo tesouro era usada principalmente para guerrear, ora contra os espanhóis, ora contra os franceses, ora contra os turcos; para imitar servilmente a pompa da corte francesa em Versalhes; e para cumular de riquezas incalculáveis o papa e a Igreja. Quando o rei tratava de um problema no reino, sua resposta era invariavelmente a mesma; ele distribuía moedas de ouro cunhadas com sua efígie. Tamanha generosidade real poderia aliviar grande quantidade de problemas menores embora incômodos, mas nada fez para resolver as históricas deficiências sociais e econômicas de Portugal. Enquanto os navios portugueses continuavam a chegar a Lisboa carregados de riquezas brasileiras, o país, ou melhor, a Coroa estava cega para o atraso que

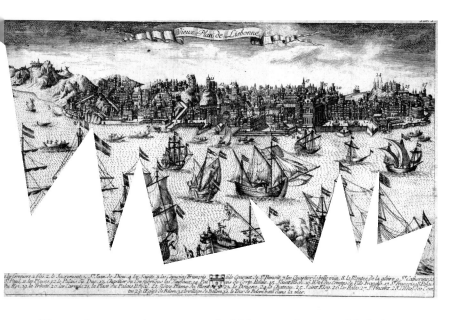

Uma paisagem pré-terremoto de Lisboa revela uma cidade impressionante surgindo das margens do Tejo. A profusão de embarcações no porto demonstra o comércio intenso que fazia de Lisboa um dos portos mais procurados da Europa.
(*Museu da Cidade, Câmara Municipal de Lisboa*)

O Terreiro do Paço, ladeando o palácio real, retratado pelo pintor holandês Dirk Stoop quase um século anterior à destruição total causada pelo terremoto, fogo e tsunami.
(*Museu da Cidade, Câmara Municipal de Lisboa*)

Uma gravura francesa do século XVIII entitulada *Éxecution des Criminels Condamnées par l'Inquisition* mostra as vítimas de um auto de fé e a multidão que se reunia para testemunhar o sinistro espetáculo.
(*Museu da Cidade, Câmara Municipal de Lisboa*)

Uma gravura da Alemanha do século XVIII utilizou originalmente um mapa colorido para representar Lisboa antes do terremoto e uma imagem sombria em preto e branco da cidade em meio ao desastre.
(*Kozak Collection, EERC, Universidade da Califórnia, Berkeley*)

Uma gravura francesa de 1792 recria cuidadosamente o caos e a destruição do desastre, mas o artista aparentemente pouco se importou com a autenticidade topográfica. O poderoso Tejo está notavelmente ausente.
(*Museu da Cidade, Câmara Municipal de Lisboa*)

Uma vista pelo sul, do outro lado do Tejo, mostra Lisboa em meio ao pior do triplo desastre de terremoto, fogo e tsunami. (*Kozak Collection, EERC, Universidade da Califórnia, Berkeley*)

Muitos dos refugiados, que tentaram escapar da cidade de barco logo após o terremoto, como é ilustrado nesta gravura holandesa do século XVIII, terminaram embaixo das águas quando o subsequente tsunami baixou sobre a costa.
(*Kozak Collection, EERC, Universidade da Califórnia, Berkeley*)

Uma pintura a óleo de João Glama Stroberle de 1760 mostra uma cena de extrema piedade enquanto os sobreviventes rezam por redenção sob uma legião de anjos vingadores.
(*Kozak Collection, EERC, Universidade da Califórnia, Berkeley*)

No caos que reinou logo após o desastre, malfeitores vitimaram os cidadãos de Lisboa, saqueando, roubando e matando a bel-prazer. (*Kozak Collection, EERC, Universidade da Califórnia, Berkeley*)

O resgate e o auxílio às vítimas durante o terremoto e o fogo que se seguiu não se mostraram tão evidentes quanto estas gravuras de 1793 sugerem.
(*Kozak Collection, EERC, Universidade da Califórnia, Berkeley*)

Um mar de campos de refugiados surgiu nos arredores de Lisboa após o terremoto. Embora o crime se alastrasse inicialmente, uma rápida justiça por enforcamento foi imposta a fim de restaurar a ordem, como pode ser visto nesta gravura alemã da época (acima).
A imagem abaixo mostra a destruição em Meknes, Marrocos.
(*Museu da Cidade, Câmara Municipal de Lisboa*)

As ruínas da catedral de Lisboa, parte de uma série de gravuras dos destroços dos monumentos da cidade produzidas por Jacques Philippe Le Bas, Paris, 1757.
(*Kozak Collection, EERC, Universidade da Califórnia, Berkeley*)

Outra gravura de Le Bas mostra as ruínas da Casa da Ópera, um teatro grandioso que tinha sido inaugurado apenas seis meses antes do terremoto.
(*Kozak Collection, EERC, Universidade da Califórnia, Berkeley*)

Em uma ilustração satírica britânica, rei José de Portugal pergunta a um clérigo protestante como evitar futuras manifestações do desagrado divino; o clérigo responde apontando para uma imagem da barbárie cometida pelo auto da fé e sugere que Sua Majestade acabe com a Inquisição.
(*Kozak Collection, EERC, Universidade da Califórnia, Berkeley*)

Retrato de Sebastião José de Carvalho e Melo, mais conhecido na História como o marquês de Pombal. Sua postura decisiva ao lidar com o desastre conquistou a confiança do rei e permitiu que governasse Portugal por quase 27 anos.
(*Museu da Cidade, Câmara Municipal de Lisboa*)

Carvalho conferenciando com seus colaboradores sobre a reconstrução de Lisboa, em uma pintura a óleo de M. A. Lupi.
(*Museu da Cidade, Câmara Municipal de Lisboa*)

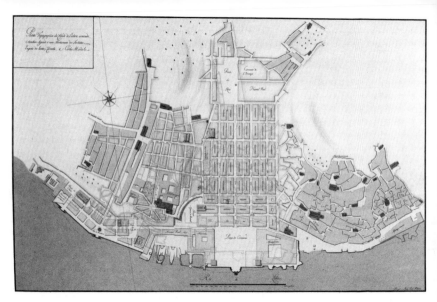

O plano para a reconstrução total do bairro da Baixa por Eugénio dos Santos e Carlos Mardel foi um modelo de planejamento urbano do Iluminismo do século XVIII.
(*Museu da Cidade, Câmara Municipal de Lisboa*)

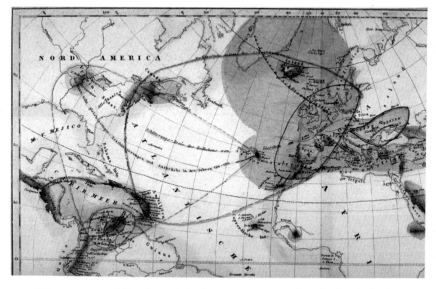

Um mapa publicado originalmente em *Berghaus' physikalischer Atlas* (Gotha, 1849-1852) mostra a extensão da área intercontinental onde os efeitos do terremoto de Lisboa foram observados e registrados.
(*Kozak Collection, EERC, Universidade da Califórnia, Berkeley*)

afligia o reino. Isso não parecia preocupar. Se a agricultura tinha empobrecido devido ao êxodo dos emigrantes para a corrida do ouro brasileira (como acontecera, no século XVI, com a corrida para a Ásia), sempre se podia importar milho e trigo. Indústrias como as de produtos têxteis eram ignoradas em prol dos tecidos ingleses importados. A monarquia mais rica da Europa, diziam os críticos de Portugal, não conseguia alimentar nem vestir seus próprios súditos. Eles tinham razão, mas enquanto a renda de ouro, diamantes, açúcar, fumo e escravos continuasse fluindo, ninguém parecia se preocupar; e tampouco eles foram consultados. As riquezas do Brasil permitiram à Coroa portuguesa governar sem convocar as Cortes para aprovar verbas para o tesouro. As Cortes se reuniram em 1697, exatamente quando o ouro foi descoberto no Brasil, e só seriam convocadas novamente em 1822.

Dom João V era o primeiro entre os fiéis e portava o título de *Fidelissimus* ou "O mais fiel", uma honra que o papa Bento XIV lhe concedeu pela ajuda que os navios portugueses deram na Cruzada contra os turcos. O novo título colocou o rei de Portugal em pé de igualdade com Sua Majestade Cristianíssima da França e Sua Majestade Católica da Espanha. A devoção de dom João era conhecida em toda a Europa e não deixava de ser objeto de zombaria. "Quando queria uma festa, ordenava o desfile religioso [...]", escreveu Voltaire. "Quando queria uma amante, arrumava uma freira."[4] A caracterização era apropriada. Os príncipes Gaspar e José, respectivamente, o futuro arcebispo de Braga e o grande inquisidor, eram ambos ilegítimos, nascidos de freiras no convento de Odivelas, território predileto, ao que parece, do rei nada pudico.

Mas seria como construtor de mosteiros, conventos, igrejas, capelas e palácios episcopais que dom João V construiria seu legado e sem dúvida aliviaria sua consciência. Armado de uma fé portentosa e um tesouro abarrotado de ouro brasileiro, ele embarcou num frenesi de construção para glória de Deus e de sua própria majestade. Quando o rei decidiu que a Igreja de São Roque, em Lisboa, precisava de uma capela dedicada a João Batista, encarregou os arquitetos italianos Luigi Vanvitelli e Nicola Salvi de construir a estrutura em seu estúdio em Roma (para que pudesse ser abençoada pelo papa) antes de transportá-la para a capital portuguesa. Nenhuma despesa, assinalou o rei, deveria ser poupada. Os arquitetos seguiram à risca as recomendações do monarca e empregaram 18 tipos de mármore, quatro variedades de alabastro, ouropel, pórfiro, ágata, lápis-lazúli, ametista, esculturas e madeira douradas, filigranas em prata, mosaicos e pinturas. O conjunto foi embarcado para Lisboa e montado por artesãos italianos. A diminuta capela, medindo cinco por quatro metros, custou a assombrosa quantia de 250 mil libras, e pela Europa toda corriam boatos e comentários invejosos sobre os excessos do perdulário rei português.

Mas o melhor exemplo do gosto de João pela extravagância e pela piedade é seu projeto para um palácio-convento colossal em Mafra, na planície árida a nordeste de Lisboa. Era um local improvável para um palácio real, mas de fato a localização era resultado de um voto feito no confessionário. Se lhe fosse dado um herdeiro legítimo, declarara dom João a seu confessor, ele jurava transformar o mosteiro mais humilde do país em um monumento de esplendor sem paralelo. Quando a rainha, a arquiduquesa Maria Ana da Áustria, deu à luz o príncipe José Manuel, em 1714, a promessa do rei precisava ser paga e Mafra, um obscuro mosteiro franciscano com um punhado de frades, foi escolhido para receber o patrocínio real. Projetado pelo

O ÚLTIMO DIA DO MUNDO

alemão Johann Friedrich Ludwig (Ludovice, na forma lati-nizada), um prateador que virou arquiteto, o complexo de Mafra representava o auge do barroco português, embora seu projeto tenha se inspirado no austero Palácio Escorial de Felipe II, na Espanha. Construído entre 1715 e 1735, o edifício chegou a empregar 50 mil operários e seu custo passou de 4 milhões de libras, um gasto escandaloso para os recursos de qualquer monarca da época. Tinha quase mil cômodos, dos aposentos folheados a ouro do rei às celas es-partanas dos monges. Significativamente, os apartamentos reais ladeavam a igreja com cúpula no centro da fachada principal, criando, portanto, uma proximidade contínua entre Deus e a Coroa. Mafra era a encarnação arquitetônica de uma idade dourada de fé, mas, apesar de toda a sua gran-deza indiscutível, era uma realização sem valor real, finan-ciada pelas infernais minas do Brasil, movidas a escravos.

O desperdício de riquezas na Igreja, na guerra e na fa-mília real com seu séquito deixou poucos recursos para me-lhorar a condição dos portugueses comuns. O reinado de dom João V costuma ser citado como um período de renas-cimento artístico e literário, e sem dúvida ele foi isso, mas foi um florescimento da elite cultural e em benefício dela. A biblioteca real, por exemplo, que o rei financiou com tanto empenho, e a suntuosa biblioteca da Universidade de Coimbra, que ele comissionou, foram iniciativas admi-ráveis, mas ele não empreendeu nenhum desenvolvimento semelhante na educação pública ou na alfabetização popu-lar. Não existiam escolas primárias e secundárias, e aquelas administradas por ordens religiosas como os jesuítas educa-vam os filhos da nobreza. A grande maioria dos súditos da nação, em especial nas áreas rurais, era terrivelmente igno-rante, o que, de modo geral, era conveniente para a Igreja, a Coroa e a nobreza.

As condições de vida das massas não eram menos desoladoras. Durante a onda de construção que varreu a cidade de Lisboa na primeira metade do século XVIII, nobres e príncipes mercantes construíram dezenas de palácios e casas elegantes; o Palácio Barbacena, o Palácio Ludovice, de estilo italiano, e a Quinta das Águias, entre outros, deram à capital um aspecto de opulência que ela nunca conhecera. O rei, sem se preocupar com os custos e os recursos gastos em Mafra, também mandou construir o retiro real em Belém; o esparramado e barroco Palácio das Necessidades, na parte oeste de Lisboa; e o Palácio Galvão Mexia, no Campo Grande, nas cercanias ao norte da capital (este último foi construído para sua amante, a madre Paula, do convento de Odivelas). Mas bem ao lado de muitas dessas residências suntuosas, com sua refinada mobília de inspiração francesa, lustres radiantes, galerias de pinturas, bibliotecas e jardins recônditos de canteiros decorados, fontes e azulejos estonteantes, viviam as massas de pobres em cortiços e casebres de decrepitude medieval. Esgotos a céu aberto sujavam as ruas de terra; as doenças e pragas urbanas estavam por toda parte. Uma das poucas obras públicas erguidas durante o reinado de dom João V foi o Aqueduto das Águas Livres, que finalmente trouxe água fresca para a capital, mas o projeto foi apenas parcialmente financiado pelo rei – a maior parte do custo foi paga pelos habitantes de Lisboa.

Quanto à indústria, era praticamente inexistente. Do ponto de vista histórico, o comércio de Portugal buscou lucro mais na aquisição de ouro e prata do que na troca de mercadorias. Os mercadores portugueses descarregavam matérias-primas nos portos da Holanda, Inglaterra, Alemanha e França, onde elas eram usadas para estabelecer indústrias que contribuíam para uma riqueza de base mais ampla. Ironicamente, muitos dos comerciantes que estabeleceram

O ÚLTIMO DIA DO MUNDO 133

refinarias de açúcar, fábricas de processamento de fumo, ou-
rivesarias e empresas de lapidação de diamantes na Holanda,
todos dependendo significativamente de Portugal para obter matérias-primas, eram proeminentes exilados judeus-
-portugueses, como as famílias Pereira, Pinto, Barrios e Pina.
Em Portugal, a atividade econômica não era tão diversifica-
da nem produzia benefícios tão amplos. No século XVII,
alguns empreendedores portugueses, por exemplo, tentaram
desenvolver uma indústria têxtil nacional, mas a oposição
por parte dos ultraconservadores proprietários de terras e da
Igreja esmagou a iniciativa. Em consequência, muitos bur-
gueses fugiram em massa para o Brasil, onde depois pros-
peraram, deixando Portugal ainda mais desprovido de perspicácia comercial e obrigado a importar tecidos acabados
do exterior. Pelo Tratado de Methuen, que Portugal assinou
com a Inglaterra em 1703, Portugal permitia a entrada de
produtos têxteis da Inglaterra livres de impostos alfandegá-
rios e a Inglaterra importava vinho português com uma tari-
fa muito reduzida. O tratado resultou na rápida dominação
do comércio português pelos ingleses (os produtos têxteis
eram a mercadoria mais importada em Portugal), mas trouxe pouco benefício para o país, exceto um mercado estável
para uma monocultura tradicional. Claramente, foi o ouro
que manteve a monarquia e o país de pé e permitiu que o
ajuste de contas fosse adiado. Durante os 43 anos do reinado
de dom João V (1707-1750), aproximadamente quinhentas
toneladas de ouro brasileiro aportaram nos cais de Lisboa,
mas raramente o butim era dividido. O rei realmente poderia ter "mais ouro estocado, em moeda e em barras, do
que todos os príncipes da Europa juntos", como disse John
Wesley, mas o único ouro que a plebe tinha alguma chance
de ver era o que adornava capelas douradas e os cintilantes
brasões de armas das carruagens reais e dos nobres.

"As riquezas não serão úteis no dia da ira", advertia o livro dos Provérbios, e no Dia de Todos os Santos, em 1755, elas não o foram. Ao longo dos séculos, Lisboa enriquecera de maneira pecaminosa por meio de comércio hostil, exploração de minas distantes e tráfico de mercadoria humana, mas quando veio o desastre, como num dia bíblico de ajuste de contas, a maior parte daquilo que a cidade e seus habitantes haviam cobiçado foi reduzida a entulhos, varrida pelas águas ou transformada em cinzas espalhadas pelo vento. Mas também desapareceu muito do que era abominável. O Palácio da Inquisição ficou em ruínas, juntamente com duas de suas prisões; o mesmo aconteceu com a Igreja de São Domingos, onde a Inquisição lia suas sentenças e os freis incitavam a multidão aos pogroms. Os becos medievais, fétidos e arrasados por doenças, e suas casas apertadas foram soterrados. Mais importante, abalaram-se os alicerces de um velho absolutismo. Lisboa, apesar de toda a sua autoconsciência religiosa e piedade, fora abandonada. Deus tinha deixado de ser justo e a natureza, de ser beneficente. E embora a cidade tivesse muito a lamentar, o desastre também anunciaria uma nova era, em que um salutar senso de dúvida e os poderes da razão substituiriam as certezas do dogma religioso, e a resignação entorpecida que a Providência instilava iria abrir caminho para a liberação do potencial humano.

Neste sentido, o terremoto poderia ser interpretado não apenas como uma tragédia irreparável, mas também como uma oportunidade de proporções históricas. Certamente, Carvalho o concebeu como tal. Em seu *Discurso político sobre as vantagens que o reino de Portugal pode alcançar por sua desgraça por ocasião do memorável Terremoto de 1º de novembro de 1755*, o ministro insistiu não apenas em que desastres poderiam trazer benefícios à nação, mas também que eram, de fato, necessários: "A política não é sempre a causa das revoluções de Estado. Fenômenos espantosos mudam frequentemente a face dos Impérios. Pode dizer-se que essas aberrações da natureza são algumas vezes necessárias porque elas podem mais do que qualquer outra coisa contribuir para aniquilar certos sistemas que se encaminham a invadir o universal Império... Porém, dirão, é necessário que sobre a terra se devastem províncias e que se arruínem cidades para dissipar as cegueiras de certas nações, para esclarecê-las no conhecimento dos seus verdadeiros interesses. Sim, atrevidamente o digo, em um certo sentido assim é necessário."[5] Não é preciso dizer que esse era um sentimento que muitos lisboetas dificilmente teriam compartilhado nos dias que se seguiram ao desastre, envolvidos como estavam pela tragédia e pela ruína pessoais e desalentados diante de um futuro completamente incerto; mas, de acordo com um raciocínio frio e calculista, Carvalho estava certo. Lisboa emergiria das cinzas como uma fênix renovada e se livraria de grande parte do obscurantismo que impedira Portugal de ver a luz de uma nova era.

CAPÍTULO SEIS

O PASTOR E O FILÓSOFO

Sabe pois, oh Lisboa, que os únicos destruidores de tantas casas, e Palácios, os assoladores de tantos Templos, e Conventos, homicidas de tantos seus habitadores, os incêndios devoradores de tantos tesouros, os que a trazem ainda tão inquieta, e fora da sua natural firmeza, não são Cometas, não são Estrelas, não são contigências, ou causas naturais; mas são unicamente os nossos intoleráveis pecados.

– Padre Gabriel Malagrida, *Juízo da verdadeira causa do terramoto*, 1756.

Toda natureza é arte que desconheces;
Todo acaso é direção que não podes ver;
Toda harmonia é discordância não compreendida;
Todo mal parcial é bem universal;
E, apesar do Orgulho, a despeito da Razão que erra,
Uma verdade é clara: TUDO O QUE É, É CERTO.

– Alexander Pope, *Ensaio sobre o Homem*, 1733.

Nada aliviava tão prontamente a consciência moral das mentes progressistas do Iluminismo quanto o otimismo incansável de Pope. "Tudo está bem" era a declaração de um deísta convencido de que Deus e suas obras poderiam ser vistos por meio de uma luz racional, embora impenetrável. Se o universo era a criação de um perfeito Deus Todo-poderoso, então ele deveria ser o melhor de todos os mundos possíveis, conforme a lógica aparentemente sem defeito proposta inicialmente por Leibniz em 1710 em seus *Essais de théodicée sur la bonté de Dieu, la liberté de l'homme, et l'origine du mal* (Ensaios de teodiceia sobre a bondade de Deus, a liberdade do homem e a origem do mal). O sofrimento humano, a tragédia, o espectro da guerra, a fome, a praga e as catástrofes que a natureza desencadeava eram insignificantes, uma mera parcela de um todo divinamente inspirado que ninguém nunca poderia esperar compreender por inteiro. Pela luz da razão, o homem deveria se empenhar para decifrar fenômenos naturais e acontecimentos humanos; assim armado, pela lógica, o Bem venceria o Mal. Fé e razão então se reconciliariam. Em 1733, um crítico francês, ao ler a *Teodiceia* de Leibniz, cunhou uma nova palavra para capturar o espírito da época: *otimismo*.

Se houve um único evento capaz de lançar dúvidas irremediáveis sobre tal filosofia panglossiana, foi o terremoto de Lisboa. Após o primeiro relato do terremoto na *Gazeta de Lisboa* de 6 de novembro, as notícias do desastre se espalharam rapidamente pela Europa levadas por carruagens e navios. O *Berlinische Nachrichten* relatou a catástrofe em 11 de novembro, a *Gazette de France*, em 22 de novembro, a *London Magazine* e o holandês *Graevenhaegse Courant*, em 26 de novembro, e o *Kjobenhavns Ridende Post*, de Copenhague, em 5 de dezembro. Entre esses primeiros relatos do desastre, o mais digno de nota foi o que apareceu no parisiense *Journal Étranger*, em dezembro. Escrito por Miguel Tibério Pedegache, jornalista, artista e homem esclarecido da época, que frequentou o círculo de Carvalho, o relato se destacava por sua riqueza de detalhes e pela tendência científica da narrativa:

Em 1º de novembro de 1755, com o barômetro marcando 27 polegadas e 7 linhas, o termômetro de Réaumur assinalando 14 graus acima de zero e com tempo brando e céu claro, às 9h45 da manhã, a terra tremeu, mas com tão pouca intensidade que todos imaginaram não ser nada mais que uma carruagem passando em alta velocidade. Esse primeiro tremor durou dois minutos. Depois de um intervalo de mais dois minutos, a terra voltou a tremer, porém com tanta violência que a maioria das casas começou a estalar e estrondar. Esse segundo terremoto durou aproximadamente dez minutos. A poeira que se levantou foi suficiente para obscurecer o sol. Novamente houve um intervalo de dois ou três minutos. À medida que a poeira densa baixava, houve ar e luz suficiente para respirarmos e enxergarmos à nossa volta. Então sucedeu um abalo tão terrível que as casas que haviam resistido aos primeiros tremores vieram abaixo com um estrondo. O céu mais uma vez escureceu e a terra pareceu querer voltar ao caos.

Não havia o mais leve sopro de superstição ou metafísica no relato de Pedegache, nem pronunciamentos funestos acerca da fúria de Deus, da justiça divina, da providência ou do pecado, apenas fatos explicados da melhor maneira possível. Com certeza, essa era justamente a espécie de relato de que Carvalho precisava para desfazer a fama que Portugal tinha por fanatismo e fervorosas exegeses religiosas. Mas, com o passar das semanas e dos meses, o desastre causou o equivalente, no século XVIII, a um frenesi na mídia de massa, e a sobriedade nos relatos iniciais deu lugar a narrativas cada vez mais intensas e sensacionalistas.

"Talvez o 'Demônio' do medo jamais tenha disseminado com tanta rapidez e força seu terror na terra", escreveu Goethe.[1] As histórias ficavam cada vez mais dramáticas à medida que as publicações da época anunciavam "relatos novos e exatos", "detalhes espantosos", "cartas verdadeiras" e "narrativas em primeira mão" de comerciantes, diplomatas, eclesiásticos, viajantes e marinheiros que haviam sobrevivido à destruição. Na Grã-Bretanha, especialmente, as notícias foram tão persistentes e detalhadas que levaram à incredulidade. Perguntado sobre se acreditara nas descrições iniciais da destruição de Lisboa, Samuel Johnson respondeu: "Oh! Pelo menos por seis meses, não. Achei *mesmo* que essa história era terrível demais para ser acreditada, e ainda não consigo me convencer de que tudo o que todos nós ouvimos foi verdade."[2]

O terremoto se tornou objeto de comentários, histórias instrutivas, especulação e debate acalorado em igrejas, salões, universidades, instituições civis e nas ruas. Para complementar as narrativas cheias de terror do desastre que surgiam na imprensa, logo se incluíram imagens – a maior parte gravuras em cobre – que comunicavam a tragédia com frieza de detalhes, embora estes nem sempre fossem exatos. A maior parte das gravuras anônimas, publicadas em cartazes por toda a Europa, sobretudo na Inglaterra, França, Holanda e Alemanha, foi produzida em massa, em tempo recorde, por gravadores mal pagos, para satisfazer o apetite do público por uma referência visual de uma calamidade que parecia indescritível. O rigor na representação exata do panorama arquitetônico ou natural de Lisboa pouco importava. Uma imagem publicada na Boêmia em 1755, por exemplo, mostrou as construções de Lisboa no que claramente era um estilo barroco da Europa central. Mas a fidelidade não era importante. Bastava mostrar edifícios em ruínas, o rio em tempestade, chamas subindo e multidões em pânico completo para passar ao público – em grande parte analfabeto – uma noção das dimensões do desastre.*
Apenas o gravador francês Jacques Philippe Le Bas (1707-1783) se esmerou em dar a seu trabalho certo grau de realismo, mas ele teve a clara vantagem de trabalhar a partir de desenhos criados pelos artistas Paris e Pedegache, que estavam em Lisboa no momento do terremoto.

Naturalmente, a reação coletiva do público europeu a esses relatos e imagens de destruição era de horror, mas também de perplexidade. A que plano divino poderia

---

* O assunto teve uma impressionante longevidade. Até no século XIX e no início do século XX, os gravadores ainda eram incumbidos de ilustrar o desastre para um público que, como também ocorre com o público de hoje, demonstrava uma atração mórbida pela catástrofe.

semelhante episódio pertencer? Que Deus benevolente iria enterrar milhares de almas inocentes debaixo de ruínas, agitar o mar para engolir os espectadores e espalhar fogo para consumir tudo, e com que finalidade? Além disso, por que faria isso em Lisboa, uma cidade de tão evidente religiosidade e devoção? O que poderiam a Paris licenciosa ou a avarenta Londres esperar do Todo-poderoso se o destino da piedosa Lisboa chegara muito perto do apocalipse? Nem Leibniz nem Pope viveram para ouvir falar do terremoto de Lisboa, mas seus preceitos otimistas sofreram um duro golpe. Se este era sem dúvida o melhor de todos os mundos possíveis, como seriam os outros? Em *Poesia e Verdade*, Goethe lembrou o efeito que as notícias do desastre de Lisboa produziram nele, na época um menino de 6 anos em sua cidade natal de Frankfurt: "Deus, o Criador e Mantenedor do Céu e da Terra, que na interpretação do primeiro artigo do Credo declarou ser sábio e misericordioso, na medida em que Ele abandonara o justo e o injusto a uma destruição como essa, não Se mostrara de forma alguma paternal. Em vão minha mente jovem procurava se fortalecer contra tais impressões. Isso era ainda menos possível porque os homens sábios versados nas Escrituras não chegavam a um acordo quanto ao modo como tal fenômeno deveria ser considerado."[3]

Havia, porém, uma voz celebrada que as cortes reais e as elites intelectuais da Europa aguardavam com expectativa particular, a voz de um dramaturgo, poeta e filósofo que sem dúvida abordaria da maneira apropriada uma questão tão controvertida e desnorteante. Eles aguardavam Voltaire.

As notícias da destruição de Lisboa levaram mais de três semanas para chegar até Voltaire em Les Délices, nos arredores de Genebra, onde ele vivia um exílio forçado, embora

144 O PASTOR E O FILÓSOFO

extremamente confortável, da França de Luís XV.* Com sua
habitual perspicácia, Voltaire logo captou o significado do
cataclismo e suas repercussões para a filosofia predominante
na época, como fica claro numa carta que escreveu a seu
banqueiro e conselheiro financeiro, Jean-Robert Tronchin,
em 24 de novembro, um dia depois de ter recebido a notícia
do desastre:

> Esta é sem dúvida uma peça cruel de filosofia
> natural! Será difícil descobrirmos como operam as
> leis do movimento em semelhantes desastres terrí-
> veis *no melhor de todos os mundos possíveis* – onde
> 100 mil formigas, nossas vizinhas, são esmagadas
> em um segundo em nossos formigueiros, e metade
> delas morrendo em agonias indescritíveis, debaixo
> de entulhos dos quais era impossível libertá-las, fa-
> mílias por toda a Europa arruinadas, e as fortunas
> de uma centena de comerciantes – suíços, como
> vós – engolidas nas ruínas de Lisboa. Que jogo de
> azar é a vida humana! Que irão os pregadores di-
> zer – especialmente se o Palácio da Inquisição for
> deixado de pé! Quero acreditar que aqueles reve-
> rendos padres, os inquisidores, tenham sido esma-
> gados como quaisquer outras pessoas. Isso deveria
> ensinar os homens a não perseguir outros homens:
> porque enquanto alguns santarrões embusteiros
> queimam alguns fanáticos, a terra se abre e engole
> a todos igualmente.[4]

---

* Luís XV proibiu Voltaire de retornar à França depois que o filósofo
aceitou uma nomeação para ser camareiro e poeta oficial na corte rival
de Frederico, o Grande, da Prússia, de 1750 a 1753.

Mas Voltaire descobrira um assunto do qual desejava urgentemente tratar em mais do que uma mera correspondência, e no começo de dezembro compôs seu *Poema sobre o Desastre de Lisboa*, em 234 primorosos versos alexandrinos. Não era, infelizmente, o que seu público esperava. Em obras como *Cartas Filosóficas* e *Discurso em Versos sobre o Homem*, Voltaire tinha mostrado uma acentuada veia anticlerical; na verdade, ele raramente perdia uma oportunidade de atacar a Igreja Católica por uma grande variedade de pecados, da superstição inveterada aos abusos assassinos da Inquisição, mas por uma vez deixou quase completamente de lado a Igreja e a religião, mirando na filosofia do otimismo de Leibniz, Pope e companhia. O poema, que tinha como subtítulo *Uma análise da máxima: tudo está bem*, também incluiu um prefácio no qual o crescente pessimismo de Voltaire tomou a forma de outra máxima ao mesmo tempo mais antiga e universal: "Há maldade na terra." Os versos, então, mergulhavam no horror do terremoto e na fragilidade da visão esperançosa dos filósofos:

Ó infelizes mortais! Ó terra deplorável!
Ó de todos os mortais, que agremiação assustadora!
Sofredores de dores inúteis!
E os filósofos enganados que se pronunciam:
"Tudo está bem" […]

[…] Ao ver o espetáculo medonho de cinzas fumegantes,
Vocês dirão: "É o efeito das leis eternas"
Quem de um Deus livre e bom necessita de uma escolha?
Vocês dirão, vendo as pilhas de vítimas:

"Deus se vingou, a morte deles é o preço de seus pecados" [...]

[...] Como assim! Todo o universo, sem esse abismo infernal,
Sem engolir Lisboa, teria isso sido pior? [...]

[...] Leibniz não consegue me explicar por quais nós invisíveis
Neste universo mais bem ordenado de todos os possíveis
[Surge] uma desordem eterna, um caos de infelicidades,
Misturado com nossos prazeres frívolos, dores reais [...][5]

Era um poema tão sombrio quanto os leitores do século XVIII poderiam compreender, e em sua versão original Voltaire concluiu a obra com dois versos que tinham um alcance positivamente existencial: "O que é necessário, ó mortais? Mortais, é preciso sofrer/ Resignar-se em silêncio, adorar e morrer." Rejeitar a noção de otimismo depois do terremoto de Lisboa foi fácil para Voltaire, mas sua alternativa um tanto extrema – sofrer, resignar-se, adorar e morrer – não era de modo algum uma alternativa, estando mais próxima de uma forma de rendição existencial. Parece que Voltaire compreendeu isso e mudou os versos finais; o final revisado era menos desesperador, mas apenas moderadamente: "Os defeitos, o desgosto, os males e a ignorância/ Mas ele ainda podia acrescentar a *esperança*."

Voltaire enviou o poema a vários amigos e conhecidos, entre eles o filósofo Jean-Jacques Rousseau, que, por coincidência, também estava morando em Genebra (embora nascido na cidade, ele vivera a maior parte da vida na França). Rousseau era cerca de 20 anos mais novo que Voltaire e nem de longe era tão famoso quanto ele, mas isso não o impediu de questionar o grande ataque de Voltaire contra o otimismo. Em uma longa carta datada de 18 de agosto de 1756, Rousseau, depois de algumas observações deferentes (por pura formalidade) ao mestre, deixou claro que sua interpretação sobre a crise de Lisboa era radicalmente diferente da de Voltaire. O argumento de Rousseau era, de fato, um dos primeiros a situar o desastre em um contexto social científico.[6] "Ainda continuando no tema Lisboa", escreveu o autor do *Discurso sobre a Origem da Desigualdade entre os Homens*, "admita, por exemplo, que a natureza não construiu ali 20 mil casas de seis ou sete andares e que se os habitantes desta grande cidade tivessem sido mais bem-distribuídos e mais esparsamente alojados, o dano teria sido muito menor e talvez sem importância".[7] Pouco importa que Rousseau pareça ter sido muito mal-informado tanto a respeito da composição arquitetônica de Lisboa, uma cidade onde edifícios de sete andares simplesmente não existiam, quanto a respeito do poder destrutivo do próprio terremoto. Sugerir que o prejuízo talvez tivesse sido "sem importância" se os edifícios estivessem mais bem-distribuídos ou as pessoas mais esparsamente alojadas era absurdo, porque incontáveis centenas de vítimas ficaram enterradas debaixo dos entulhos de casas de tamanho bastante modesto. De acordo com Rousseau, muito da culpa pelas mortes devia ser atribuído à falha humana. "Quantos infelizes pereceram no desastre porque um queria pegar as suas roupas, outro seus papéis, outro seu dinheiro?"

Boa parte dos argumentos de Rousseau era, no entanto, legítima, e sua perspectiva deve ter dado a Voltaire motivo para refletir, como, por exemplo, quando ele perguntou:

"Deveria... a natureza se sujeitar a nossas leis, e para evitar um terremoto termos apenas de construir ali uma cidade?" Mas no final da carta Rousseau de repente se voltou para distinções pessoais entre os dois filósofos, notando que Voltaire, aclamado e rico, tinha se desiludido e via apenas o mal no mundo, enquanto ele, Rousseau, procurava tudo aquilo que era bom, a despeito de suas circunstâncias humildes e sua relativa obscuridade. "Você desfruta", ele ridicularizava, "mas eu espero e a esperança adorna tudo".

Voltaire não reagiu a esse ato de impertinência envolvendo-se em um duelo filosófico, claramente o que o jovem filósofo ansiava, e preferiu fazer uma afronta hábil. Em 12 de setembro, Voltaire escreveu de volta a Rousseau: "Meu caro filósofo, somos capazes, você e eu, nos intervalos de nossas aflições, de raciocinar em verso e prosa. Mas no presente momento você vai me perdoar por deixar de lado todas essas discussões filosóficas que são apenas divertimentos." Na realidade, Voltaire estava apenas se livrando de um colega irritante (embora ele lhe tivesse mandado o poema primeiro). Seu interesse nas implicações filosóficas do terremoto de Lisboa era obviamente mais do que um divertimento e ele tinha mais a dizer a respeito da superficialidade e dos perigos do otimismo do que o seu *Poema* poderia expressar. Mas, não podemos deixar de nos perguntar, será que Voltaire suspeitava que todo o episódio iria inspirá-lo a escrever a sua obra-prima?

Em 1759, Voltaire publicou *Cândido ou o Otimismo*, com o curioso pseudônimo de "M. Le Doucteur Ralph"; a obra, supostamente traduzida do alemão, apareceu simultaneamente em Paris, Genebra e Amsterdã. Inicialmente, as autoridades de Paris e Genebra procuraram proibir o livro, e é fácil ver por quê. Embora fosse aparentemente uma história picaresca de viagem internacional e aventura,

O ÚLTIMO DIA DO MUNDO 149

o romance zombava de maneira muito pouco velada, entre outras coisas, da nobreza, dos militares, da Igreja, da Inquisição, da metafísica e acima de tudo do otimismo de Leibniz. As mesmas características que inspiraram a desaprovação oficial, no entanto, também fizeram dele um sucesso instantâneo entre o público, e logo as autoridades desistiram de suas tentativas de censura. Somente no primeiro ano de sua publicação, foram vendidos aproximadamente 30 mil exemplares e publicadas cerca de vinte edições de *Cândido*, inclusive três em inglês e uma em italiano. Para os padrões do século XVIII, o romance foi um sucesso inequívoco e trouxe a Voltaire grande aclamação do público e bastante dinheiro. Com o tempo, *Cândido* provaria ser a obra mais duradoura de Voltaire e inquestionavelmente sua obra-prima (hoje, sem dúvida, é difícil citar qualquer outra de suas obras que ainda seja lida pelo público em geral), e expôs gerações de leitores aos horrores físicos e morais do desastre de Lisboa.

O apelo universal de *Cândido* não é difícil de entender; trata-se de um romance cômico, obsceno, cheio de irreverência e violência, que alegremente ataca as morais sociais e religiosas convencionais. Também transcorre num ritmo de vendaval. Cândido, o protagonista, é um filho bastardo que foi criado no castelo do barão Thunder-ten-tronckh, da Vestfália. Depois de uma indiscrição com a filha do barão, Cândido é banido da casa e logo se junta a seu velho tutor, o filósofo Pangloss, que sempre ensinou a seu discípulo, a exemplo de Leibniz, que eles vivem no melhor de todos os mundos. Eles iniciam um frenético giro mundial de infortúnios, no qual são submetidos a todos os tipos de horror e humilhação imagináveis, tanto os naturais quanto os criados pelo homem, e no caminho o otimismo é incessantemente atacado pelas sinistras realidades do mundo. Cândido aparece na Holanda, em Cádiz, Buenos Aires, Paraguai, Eldorado, Suriname, Paris, Portsmouth, Veneza, Constantinopla e, é claro, Lisboa, onde sua chegada coincide com o terremoto, e onde ele logo se vê semienterrado nos entulhos:

> Alguns estilhaços de pedra haviam ferido Cândido, que se achava estendido no meio da rua e coberto de destroços.
> – Ai! – dizia ele a Pangloss –, consegue-me um pouco de vinho e de óleo, que estou morrendo.
> – Este terremoto não é novidade nenhuma – respondeu Pangloss. – A cidade de Lima experimentou os mesmos tremores de terra no ano passado; iguais causas iguais efeitos: há com certeza uma corrente subterrânea de enxofre, desde Lima até Lisboa.
> – Nada mais provável – respondeu Cândido –, mas, por amor de Deus, arranja-me óleo e vinho.
> – Como, provável? – replicou. – Sustento que é a coisa mais demonstrada que existe.[8]

Cândido, em sua inimitável forma de ser, sempre consegue escapar ou sobreviver às situações difíceis, e o terremoto não foge à regra, mas logo que se recupera da experiência difícil, ele e Pangloss são presos pela Inquisição pelo crime blasfemo de haver questionado as doutrinas do pecado original e do livre-arbítrio:

> Depois do tremor de terra que destruiu três quartas partes de Lisboa, os sábios do país não encontraram meio mais eficaz para prevenir uma ruína total do que oferecer ao povo um belo auto de fé. Foi decidido pela Universidade de Coimbra

O ÚLTIMO DIA DO MUNDO

que o espetáculo de algumas pessoas sendo queimadas a fogo lento, em grande cerimonial, era um infalível segredo para impedir que a terra se pusesse a tremer.[9]

Cândido e Pangloss, é claro, tinham de ser as vítimas, juntamente com um biscainho que havia desposado sua madrinha e "dois portugueses que, ao comer um frango, haviam jogado fora o toucinho [...]". (Supunha-se que esta última "evidência" era uma atitude de cripto-judeus.) Quando chega o dia marcado,

> [...] marcharam em procissão e ouviram um sermão muito patético, seguido de uma bela música em fabordão. Cândido foi açoitado em cadência, enquanto cantavam; o biscainho e os dois homens que não tinham querido comer o toucinho foram queimados, e Pangloss enforcado, embora não fosse esse o costume. No mesmo dia a terra tremeu de novo, com espantoso fragor.
> Cândido, em pânico, desvairado, todo ensanguentado e palpitante, dizia consigo:
> – Se este é o melhor dos mundos possíveis, como não serão os outros![10]

Isso era o mais próximo que Voltaire chegaria da metafísica. Com *Cândido* o poeta efetivamente enterrou o otimismo e mostrou o quanto esse princípio era ingênuo e insensato. Logo se forjou uma nova palavra, que com frequência aparecia no vocabulário do povo, *panglossiano*, que quer dizer ingênuamente ou cegamente otimista.

Todavia, a sátira de Voltaire não apresentou uma alternativa convincente. Ele lutou com a conclusão do romance, da mesma forma que tinha feito com os versos finais de seu *Poema*, e o resultado foi uma conclusão num tom mais de resignação que de desespero. Cândido, Pangloss (ele sobrevive à forca) e um bando de companheiros viajantes terminam em uma granja nas margens férteis do mar de Mármara, na Ásia Menor, onde trabalham a terra e vivem contentes. Na passagem final do romance, o incorrigível Pangloss faz a Cândido uma última observação:

> – Todos os acontecimentos – dizia às vezes Pangloss a Cândido – estão devidamente encadeados no melhor dos mundos possíveis; pois, afinal, se não tivesses sido expulso de um lindo castelo, a pontapés no traseiro, por amor da Senhorita Cunegundes, se a Inquisição não te houvesse apanhado, se não tivesses percorrido a América a pé, se não tivesses mergulhado a espada no barão, se não tivesses perdido todos os teus carneiros da boa terra do Eldorado, não estarias aqui agora comendo doce e cidra e pistache.
>
> – Tudo isso está muito bem dito – respondeu Cândido –, mas devemos cultivar nosso jardim.[11]

O cultivo do jardim era uma metáfora adequada para o engajamento no trabalho simples e prático, pelo qual se poderia esperar colher recompensas modestas, mas frutíferas. Era um conselho de aparência simples de um poeta que o descobrira em Les Délices, mas como consolo para as vítimas de um desastre natural como o terremoto de Lisboa ou do mal criado pelo homem, como o dos tribunais da Inquisição, a ideia era de pouca serventia. Não obstante, *Cândido* ajudou a sacudir a complacência de uma era às voltas com o horror manifesto (e manifesto em Lisboa mais

O ÚLTIMO DIA DO MUNDO   153

que em qualquer outro lugar); a obra certamente marcou uma guinada na vida de Voltaire. Desapareceram as histórias, as peças e os poemas de corte que tanto bajularam o sistema de poder estabelecido; a partir de então a voz literária de Voltaire se tornou mais popular e sua consciência se preocupou cada vez mais com a justiça humana e a situação do homem comum. Foi como se o homem de letras mais experimentado da Europa tivesse de repente descoberto o mundo.

Os filósofos podem ter debatido a natureza e a causa do desastre de Lisboa, mas a legião de clérigos da cidade nunca teve dúvidas e muito menos vacilou. A reação deles era tão previsível quanto antiga – o terremoto era um ato divino de acerto de contas com uma cidade impregnada de pecado. Antes mesmo que os tremores se reduzissem, os padres exortavam as multidões em pânico a se arrepender e repreendiam os sobreviventes por uma litania de pecados, incluindo avareza, fraqueza moral, preguiça, corrupção e uma fé morna que se submetia aos heréticos, ou seja, aos protestantes, que havia no seio deles!

A voz mais veemente em meio a esse falatório geral pertencia ao padre Gabriel Malagrida, um jesuíta italiano místico e missionário que tinha muitos seguidores em Lisboa e que tivera entre os seus mais fervorosos patronos o finado dom João V. Malagrida nasceu em Mennagio, Itália; ingressou na Companhia de Jesus em Gênova; e em 1721 viajou de Lisboa para o Brasil para pregar o Evangelho e converter os pagãos. Permaneceu ali por quase trinta anos, enfrentando nativos hostis, doenças e o torpor dos trópicos, e sua reputação de homem santo se espalhou pela América Latina e acabou chegando a Portugal. Foi dom João V quem chamou Malagrida de volta a Lisboa, em 1749; o rei estava enfermo e, apesar de ter arrancado do papado o título de

Fidelissimus, construído a glória que era Mafra e de cumulado a Igreja de ouro e luxo, ele procurava obter do renomado missionário uma absolvição extraordinária. Quando Malagrida foi conduzido à presença do rei na corte, dom João V colocou as mãos do jesuíta em sua própria cabeça: – Abençoai o rei, vosso servo – murmurou Malagrida, olhando para o céu. – Não me chame de rei, me chame de pecador – respondeu João.

O apadrinhamento real só fez aumentar a mística de Malagrida, e ele permaneceu em Lisboa como confessor de dom João V e, após a morte do rei, em 1750, da poderosa família Távora. Malagrida exercia enorme influência na corte, e nos anos que precederam o terremoto de Lisboa entrou em franco conflito com o novo secretário de Estado, Sebastião José de Carvalho e Melo, que estava determinado a limitar o poder eclesiástico, especialmente o da Companhia de Jesus. Em 1751, Carvalho conseguiu fazer com que todas as sentenças proferidas pela Inquisição fossem submetidas à revisão pela Coroa, uma violação da prerrogativa da Igreja que lhe rendeu a inimizade geral do clero. Mas foi o esforço de Carvalho para tirar o controle administrativo das missões brasileiras das mãos dos jesuítas que tornou Malagrida seu inimigo mais loquaz e perigoso.

Agora, no período caótico que se seguiu ao terremoto, Carvalho precisava do apoio da Igreja. Mas quase não havia um representante do clero a quem ele pudesse se dirigir, e os amigos com quem ele ainda podia contar, como o oratoriano António Pereira de Figueiredo, careciam da influência eclesiástica necessária para colocar a Igreja a favor de Carvalho. Em vez de pronunciar sermões edificantes e tomar parte ativa na restauração de Lisboa, como Carvalho esperava, o clero estava, sobretudo, induzindo os sobreviventes a se arrependerem e recomendando retiros espirituais para amenizar

O ÚLTIMO DIA DO MUNDO

o desastre. Malagrida pronunciara uma série de sermões incendiários para sua legião crescente de seguidores, logo publicada em um panfleto inoportuno intitulado *Juízo da verdadeira causa do terramoto*. O estilo de Malagrida, afiado no seminário jesuíta e inflamado por décadas nos trópicos, era, no mínimo, brutalmente inequívoco:

> A trágica Lisboa é agora um morro de ruínas. Seria bom que fosse menos difícil pensar em algum método de restauração do lugar; mas ele foi abandonado e os refugiados da cidade vivem desesperados. Quanto aos mortos, que grande safra de almas pecadoras tais desastres mandam para o inferno! É escandaloso fingir que o terramoto foi apenas um acontecimento natural, pois se isso for verdade não há necessidade de se arrepender e tentar evitar a fúria de Deus, e nem mesmo o próprio demônio poderia inventar uma ideia falsa mais apropriada para nos levar todos à ruína irreparável. Pessoas santas profetizaram que um terramoto estava para acontecer, mas a cidade continuou a trilhar o caminho do pecado, sem o mínimo cuidado com o futuro. Agora, de fato, o caso de Lisboa é desesperador. É preciso empregar todas as nossas forças e a nossa firmeza de propósito na tarefa de arrependimento. Queira Deus que possamos ver tanta determinação e fervor para esse exercício necessário quanto o que é consagrado ao erguimento de cabanas e novas construções! Será que o fato de estarmos assentados fora da área da cidade nos coloca fora da jurisdição de Deus? Deus sem dúvida deseja exercer Seu amor e Sua misericórdia, mas estejam certos de que, onde

quer que nós estivermos, Ele está nos vigiando, com o chicote na mão.[12]

Na verdade, esse tipo de retórica ameaçadora não era exclusividade de Portugal e nem mesmo do mundo católico em geral. De fato, a associação entre desastre e castigo divino era tão antiga quanto o homem. Até mesmo um século XVIII semeado com as sementes do Iluminismo percebia a mão de Deus por trás das catástrofes, tanto naturais quanto humanas. Os *predikants* calvinistas nos Países Baixos voltaram a usar uma linguagem similar para explicar a grande enchente de 1740 como um ato de justiça divina em que a água lavaria a sujeira e o pecado e levaria os perversos ao arrependimento. Tampouco a Inglaterra estava isenta dessa espécie de fanatismo alimentado pelo desastre. Quando as notícias da destruição de Lisboa chegaram à Inglaterra, houve um medo generalizado de que Londres, eminentemente mais corrupta, avarenta, propensa aos jogos de azar e licenciosa que a capital portuguesa, pudesse muito bem ser a próxima. Um membro do Parlamento de fato propôs um retorno urgente aos ensinamentos de Moisés como forma de apaziguar a fúria de um Deus probo. Jorge II não foi tão longe, mas baixou um decreto real proclamando o 6 de fevereiro de 1756 um dia de jejum e penitência nas Ilhas Britânicas.

Por toda a Europa apelos semelhantes para rezar por Lisboa partiam de púlpitos de catedrais e de mosteiros, igrejas paroquiais e palácios episcopais, e também, talvez mais generosamente, de uma ou outra sinagoga. Em Hamburgo, onde várias centenas de judeus portugueses viviam exiladas, em 11 de março de 1756 as autoridades da sinagoga sefardi fizeram circular um panfleto ordenando que se fizesse um dia de jejum para rezar e pedir misericórdia à Majestade Divina pela destruição desencadeada em Lisboa. Essas preces coletivas eram bastante bem-vindas, mas ridicularizar os esforços de recuperação e a construção de abrigos para os refugiados, como fez Malagrida, beirava a traição. Uma cidade concentrada exclusivamente em seu próprio arrependimento era uma cidade condenada. "Eles [lisboetas] acharam que era quase um sacrilégio tentar cuidar de si mesmos", observou o comerciante inglês Thomas Chase, "e muitos deles chamaram isso de 'lutar contra o Céu'!"[13]

Carvalho precisava de um povo energizado comprometido com a reconstrução, e pessoas como Malagrida criavam dificuldades ao aterrorizar a população desamparada e desnorteada com sermões sobre a punição divina. Primeiro Carvalho protestou ao patriarca de Lisboa, mas o cardeal José Manuel da Câmara d'Atalaia estava pouco disposto a censurar uma figura com uma aura tão santificada como Malagrida; ademais, ele o admirava por seu zelo. O ministro, enfurecido, levou sua petição diretamente ao rei e, como se não bastasse, também ao núncio papal. Dom José I relutava em silenciar o homem que dera consolo espiritual a seu pai, dom João V, nos dias finais de seu longo reinado, mas estava ainda menos propenso a negar apoio a Carvalho, o único homem disposto a fazer todo o possível para ressuscitar sua capital e preservar seu trono. No outono de 1756, pouco depois da publicação de seu *Juízo da verdadeira causa do terramoto*, Malagrida foi exilado em Setúbal e proibido de pregar sobre o terremoto; no entanto, estava longe de ser derrotado; tinha seus partidários ávidos, amigos poderosos como a família Távora e a fé inabalável, conseguida a muito custo, de um missionário nato. O ministro e o missionário iriam entrar novamente em conflito nos anos seguintes, com resultados mais conclusivos.

Os sermões falando de desgraças não se limitavam aos púlpitos católicos. Em países protestantes de toda a Europa, mas especialmente na Inglaterra, que havia sofrido consideráveis perdas humanas, materiais e econômicas em Lisboa, o tema do terremoto era sempre mencionado nos sermões dominicais, embora o foco dos curas e teólogos fosse completamente diferente daquele dos católicos. Para a consciência protestante, Deus tinha dado livre curso a Sua vingança em Lisboa por causa da idolatria papista da cidade e pelos pecados nas mãos sujas de sangue da Inquisição e de todos os seus agentes. Um visceral preconceito anticatólico não era novidade; ao contrário, fora alimentado nas Ilhas Britânicas e na Europa protestante desde a Reforma, mas o terremoto de Lisboa forneceu o cenário ideal para a encenação do drama apocalíptico do Dia do Juízo Final, e havia poucas dúvidas acerca do papel dos condenados.

Nenhum pastor protestante articulou esse sentimento de forma mais convincente do que John Wesley (1703-1791), fundador do metodismo e um cruzado social visionário. Apenas algumas semanas depois do terremoto, Wesley publicou um panfleto intitulado *Serious Thoughts Occasioned by the Late Earthquake at Lisbon* (Sérias reflexões ocasionadas pelo recente terremoto em Lisboa), que procurava apresentar o desastre em uma perspectiva teológica adequada, para um público britânico alarmado com a tragédia. No entusiasmo de sua exposição, Wesley não perdia nada para Malagrida:

E o que podemos dizer dos últimos relatos de Portugal? Que vários milhares de casas e muitos milhares de pessoas não existem mais. Que uma cidade justa agora é um monte de ruínas? Será que de fato existe um Deus que julga o mundo? E será que ele agora está procurando sangue? Se assim for, não é de surpreender que ele comece por lá, onde tanto sangue já correu no chão feito água, onde tantos homens corajosos foram assassinados da forma mais vil e covarde, além de bárbara, quase todos os dias, quase todas as noites, embora ninguém prestasse atenção ou se incomodasse. Por quanto tempo o sangue deles vem clamando do fundo da terra? Sim, por tanto tempo a sangrenta Casa da Misericórdia, título que a Inquisição em Portugal toma para si, escândalo não só de todas as religiões, mas até mesmo da natureza humana, esteve a insultar tanto o Céu quanto a Terra! E não devo eu punir essas coisas, disse o Senhor? Não deve a minha alma ser vingada em uma cidade assim?[14]

E para o caso de alguém não ter lido ou ter ignorado o livro, Wesley converteu a mensagem ao hinário:

Que desgraça! Para os homens que na Terra habitam,
E não temem a carranca do Todo-poderoso,
Quando Deus revelar toda a sua Fúria,
E derramar em abundância suas Sentenças!
Pecadores, aguardai as chuvas mais pesadas,
Preparai-vos para encontrar vosso Deus,
Quando, atentai, o Sétimo Anjo verter
Seu Frasco no Ar!
Ou
Acordai, Almas cheias de culpa, acordai,
Não dormi, até que o Tofete vos receba!
O Senhor dos Hostes está surgindo para sacudir
A Terra poluída com vossos Pecados.[15]

O fervor com que Wesley trabalhou o tema da destruição de Lisboa e o horror que ele impingiu a seus leitores e ouvintes não era do gosto de todos os protestantes, particularmente os anglicanos, mais reservados, que tendiam a se esquivar de sermões que usavam o medo como caminho para a conversão. "O autor, em minha opinião, com partes boas e estudo, é uma criatura muitíssimo sombria e ameaçadora", escreveu Thomas Herring, arcebispo de Canterbury, em carta a um amigo falando a respeito de *Serious Thoughts* (Reflexões sérias) de Wesley: "Seu retrato pode assustar as pessoas fracas, que, ao mesmo tempo, são depravadas, mas temo que ele converta poucos, exceto por um dia. Li seu *Serious Thoughts*, mas de minha parte acho que o nascer e o pôr do sol são um argumento mais duradouro em favor da religião do que todas as convulsões extraordinárias da natureza juntas."[16] Todavia, afora a moderação anglicana habitual, grande parte da Europa protestante, alimentada pela propaganda anticatólica e pela Lenda Negra, tendia a achar que o castigo de Lisboa era de certa forma merecido, além de ser uma boa oportunidade de renegar a superstição e aceitar a verdadeira luz da fé reformada. Esse tema do desastre como meio para o despertar espiritual estava na essência do poema épico de Frans de Haes *Het verheerlykte en vernederde Portugal* (Portugal glorificado e humilhado), talvez a mais importante obra literária holandesa a surgir do desastre. Antes que Lisboa possa renascer, diz o poema, a cidade precisa primeiro dissipar a escuridão, as neblinas e os vapores:

Mas que vos apraza, oh Senhor, antes de mais nada iluminar o espírito.
Afugentar as neblinas, com que a Idolatria,
A Superstição Pecaminosa e a cruel Tirania

Cegam, ai de nós, de forma tão deplorável, o Olho da Alma,

Que lá a Religião é chamada de algema da livre consciência do Homem.

Expulsai esses vapores infernais, essa densa escuridão,

Para que eles possam reconhecer quão belo brilha o Sol Salvador,

Cujo fogo de amor nos ensina a amar-vos antes de tudo, com nossa alma e nossos sentidos,

Depois aos nossos próximos, como a nós mesmos.

Possa Portugal, dessa forma, por meio de vossa sapientíssima orientação

E de favores imerecidos, renovar-se para a eternidade.[17]

As palavras de Wesley e de Haes nunca alcançariam os ouvidos dos portugueses comuns; e se o fizessem não os preocupariam muito, já que eram ditas por heréticos. A Igreja Católica e os fiéis portugueses atribuíram fielmente o erro da Inquisição não aos seus excessos assassinos, mas exatamente o contrário. O Santo Ofício, eles insistiam, tinha sido negligente em demasia com os ofensores da fé e não fora implacável o bastante ao extirpar dissidentes, judaizantes e heréticos. Poucos puderam deixar de notar, no entanto, que a destruição do terremoto fora extremamente seletiva nos danos à Inquisição. A Igreja de São Domingos, onde a Inquisição lia as suas sentenças, foi completamente queimada; duas das principais prisões da Inquisição, cujas câmaras de tortura estavam equipadas com potros, rodas e braseiros, foram destruídas; e o suntuoso Palácio dos Estaus, que abrigava o Tribunal do Santo Ofício, desabou, enterrando o inquisidor geral de Lisboa, Manuel Varejão de Távora, sob os entulhos de mármore. Os residentes britânicos em Lisboa comemoraram esse golpe na barbaridade católica, ao menos entre os seus, e assinalaram com indevida probidade que sua igreja e seu cemitério modestos no terreno da Feitoria Britânica ficaram ilesos ao abalo.

Apesar de suas diferenças doutrinais e de suas leituras diferentes do desastre, no entanto, protestantes e católicos convictos concordavam em um ponto incontestável: por trás do terremoto estava a mão de Deus, e qualquer conversa sobre causas "naturais" equivalia a blasfêmia. Qualquer um que adotasse uma abordagem científica de acontecimentos naturais era obrigado a tomar muito cuidado. Nos primeiros meses depois do terremoto Carvalho havia encorajado José Álvares da Silva, um médico lisboeta interessado em ciência, a escrever um panfleto explicando o terremoto como fenômeno natural, em resposta às interpretações morais que eram emitidas pelo clero de Lisboa. O resultado, intitulado *Investigação das causas proximas do terramoto, succedido em Lisboa*, foi o bastante para enfurecer pessoas como Malagrida, ainda que talvez fosse menos persuasivo do que Carvalho esperava. O autor invocou Francis Bacon como inventor das ciências naturais e incitou os portugueses "a estudar a sério a física experimental e descobrir o que as forças naturais podem executar", mas não quis ou não conseguiu descartar a possibilidade de uma causa metafísica. Deus, ele admitia, poderia muito bem ter causado a catástrofe. Os teólogos espanhóis José de Cevallos e Benito Jerónimo Feijoo y Montenegro defendiam que o terremoto era uma ocorrência natural, mas nunca ousaram remover Deus totalmente do quadro: "O terremoto foi inteiramente natural", escreveu Cevallos em uma introdução ao *Nuevo systhema sobre la causa physica de los terremotos* (Novo sistema sobre a causa física dos terremotos), de Feijoo, "causado por segundas causas naturais e proporcionais, nas quais Deus toma parte como em qualquer outro evento natural".[18]

O ÚLTIMO DIA DO MUNDO   163

Esses primeiros defensores das causas naturais pareciam querer se proteger, como se tivessem um olho no futuro e outro na Inquisição. Alguns homens, afinal, tinham sido queimados por menos. Porém essas respostas aparentemente científicas ao terremoto, que também se curvavam à interpretação religiosa, vinham não raro de lugares fora do alcance da Inquisição. Um ângulo semelhante ao de Feijoo e Cevallos, por exemplo, foi empregado pelo reverendo John Rogers, um pastor de Leominster, Massachusetts, que, comovido com a destruição de Lisboa e pessoalmente impressionado por um abalo moderado que sacudiu a Nova Inglaterra em 18 de novembro de 1755, pregou de forma extensiva sobre as causas e consequências dos terremotos. Que um pastor de Massachusetts soubesse do infortúnio de Lisboa (as notícias teriam chegado primeiramente no porto de Boston) e optasse por fazer do desastre um tema recorrente em seus sermões é mais uma indicação do impacto internacional do terremoto. O que Rogers explicava à congregação em Leominster, e depois publicou em Boston em 1756 como *The Terribility, and the Moral Philosophy of Earthquakes* (A terribilidade e a filosofia moral dos terremotos), era que um fenômeno como um terremoto podia muito bem ser atribuído a causas naturais – "que eles não são propriamente milagrosos ou sobrenaturais, disso parece haver uma Probabilidade muito grande" –, mas que, no fim das contas, a Natureza era a manifestação da Vontade Divina.[19] Ele também citava uma série de pecados, incluindo "Atos de Irreligiosidade, Avareza, Orgulho, Prodigalidade e Luxúria, Injustiça, Falsidade, Fraude, Malignidade, Extorsão etc.", que eram graves o bastante para causar um terremoto.[20] Curiosamente, a maioria dos pecados que ele citou eram nitidamente mais venais que mortais. Para Rogers, um terremoto era, acima de tudo, uma oportunidade para arrependimento, e seu propósito imediato era "fazer os Habitantes da terra tremerem [...] de forma tal que, assim, eles possam ser levados a conhecer o sentido de sua Insensatez".[21] A insensatez dos portugueses, de acordo com Rogers, John Wesley e a maior parte dos outros protestantes, era sua devoção pela idolatria. A fúria de Deus, no entanto, poderia muito bem ser desencadeada tanto em Massachusetts como fora em Lisboa:

> Quando Deus surge para sacudir terrivelmente a Terra, todos os Habitantes racionais, que sabem disso (quer eles ouçam e sintam isso imediatamente ou não) devem se desfazer de seus Ídolos... Vocês supõem que os Habitantes de *Cádiz* ou de *Lisboa* eram maiores Pecadores do que qualquer dos Europeus a quem Deus poupou do terremoto? Provavelmente não; ou – maiores até do que os Protestantes na América? (que têm a Bíblia nas Mãos, mas a desprezam) – possivelmente não. Porque aqueles Escravos miseráveis não eram muito mais bem instruídos do que os próprios Pagãos Adoradores de ídolos.*[22]

Em Portugal, a opinião de Malagrida de que "nem mesmo o próprio demônio poderia inventar uma ideia falsa [causas naturais] mais apropriada para nos levar todos à ruína irreparável" foi recebida com a máxima credibilidade. De fato, é difícil imaginar aonde alguém, em Portugal, poderia ir para recorrer à espécie de pensamento iluminado

---

* Cabe observar que John Rogers, uma espécie de protounitarista, foi expulso de sua igreja em Leominster em 1758 por suas opiniões não ortodoxas, que incluíam o questionamento da divindade de Cristo.

O ÚLTIMO DIA DO MUNDO 165

que inspiraria uma compreensão mais científica dos acontecimentos naturais. Paradoxalmente, às vezes novas ideias se resguardavam nas ordens religiosas mais progressistas dentro da própria Igreja. Em Lisboa, por exemplo, a biblioteca dos oratorianos incluía obras de Francis Bacon, John Locke, René Descartes e Antonio Genovesi, e o Convento das Necessidades tinha até mesmo um laboratório dedicado às ciências naturais, mas essas eram ordens religiosas herméticas onde o público nunca entrava. Os nobres mais cosmopolitas, como o marquês de Louriçal, tinham bibliotecas particulares, mas esses eram domínios exclusivos da elite nobre.

Tampouco as escolas convencionais apresentavam aos alunos os avanços intelectuais da época. Em meados do século XVIII, os jesuítas tinham controlado a educação nacional por duzentos anos e mantinham um currículo penosamente arcaico. A Universidade de Coimbra, paradigma do estudo superior do país, proibia todas as obras científicas e nem mesmo oferecia estudos de ciências naturais. Para manter distância das obras modernas escritas em línguas vernáculas, o programa educacional ainda usava exclusivamente o latim. Em 1746, o decano do Colégio Real das Artes e Humanidades de Coimbra baixou um decreto assustador proibindo "quaisquer conclusões contrárias ao sistema aristotélico", especialmente, enfatizava, "novas opiniões, raramente aceitas ou inúteis para o estudo das Ciências Maiores, tais como as de René Descartes, Gassendi, Newton e outros".[23] Os estudiosos do terremoto teriam aprendido com Aristóteles que ele obscuramente tinha a ver com ventos e fogo subterrâneos, mas os teólogos católicos reformularam até mesmo essa explicação protocientífica – os fogos subterrâneos de Aristóteles simplesmente se tornaram Inferno.

Tamanho obscurantismo religioso, é claro, teve um efeito degradante na capacidade de investigação dos portugueses. Enquanto o resto da Europa estava animado com descobertas e debates científicos, Portugal e a vizinha Espanha, bastiões da ortodoxia ultracatólica, estavam presos a um mundo medieval dominado por eclesiásticos e agrilhoado pelo dogma. O tom da época foi mais claramente expresso por um frade dominicano espanhol, que escreveu: "Preferimos estar errados com são Basílio e santo Agostinho a estar certos com Descartes e Newton."[24]

Entre os poucos portugueses imbuídos de um espírito esclarecido da época estavam os chamados Estrangeirados (portugueses com experiência de trabalho ou estudos no estrangeiro), um círculo que incluía diplomatas, comerciantes internacionais e bom número de cristãos-novos cujas famílias tinham optado por se exilar quando o clima de perseguição religiosa ficou sufocante demais. Carvalho, tendo vivido em Londres e Viena, era um membro dessa casta refinada. Como eram também o médico e enciclopedista António Ribeiro Sanches, cristão-novo, que Carvalho tinha conhecido em Viena; o arquiteto e engenheiro Carlos Mardel, de origem húngara, que serviu na corte de dom João V na qualidade de arquiteto; e Luís António Verney, autor do *Verdadeiro Método de Estudar* (1746). O grupo informal tinha interesses diversos, que iam de arquitetura e economia à educação e às ciências naturais, mas todos partilhavam uma perspectiva cultural adquirida no estrangeiro que visivelmente faltava aos portugueses que não conheciam o exterior.

Os Estrangeirados tinham lido Colbert sobre reforma social e econômica; Bacon, Hume, e Locke sobre métodos empíricos; Descartes sobre metafísica; e Newton sobre filosofia natural. Eles rejeitavam as explicações morais e sobrenaturais do terremoto e recorriam a fenômenos naturais e ao método científico para decifrar o acontecimento; mas eram uma minoria insignificante e, com exceção de Carvalho, na maior parte impotente. O grupo estava cheio de novas ideias e planos de reforma para Portugal, mas tinha na Igreja um adversário bem-entrincheirado. Os jesuítas afastavam tais mentes esclarecidas das universidades, onde elas poderiam ter infundido em uma geração de futuros líderes o espírito regenerador da ciência e do humanismo; e a Inquisição os silenciava, na maior parte, ao censurar a publicação de quaisquer trabalhos científicos originais e com a ameaça de uma acusação de heresia para qualquer traço de uma teoria que pudesse ser considerada muito iconoclasta. Em Portugal, a devoção a Descartes e Newton tinha um preço assustador.

Enquanto isso, em outras partes da Europa o terremoto de Lisboa deu início a uma enxurrada de investigações científicas. Em Königsberg, no ano seguinte ao desastre, Immanuel Kant publicou três tratados sobre terremotos, considerando o acontecimento um fenômeno científico e não moral. Em "História e descrição natural dos estranhos fenômenos relacionados com o terremoto que, no final do ano de 1755, abalou uma grande parte da Terra" (1756), Kant escreveu: "Se os humanos estiverem construindo com material inflamável, em pouco tempo todo o esplendor de seus edifícios cairá em razão do tremor. No entanto, isso é razão para culpar a providência?" O filósofo entendia bem de metafísica, mas suas especulações sismológicas não haviam progredido muito além do modelo aristotélico de labirínticas passagens subterrâneas repletas de vento e fogo, que havia sido a teoria geralmente aceita por dois milênios. "Os terremotos nos revelam que a terra é cheia de abóbadas e cavidades, e que sob os nossos pés correm por toda parte minas escondidas, com vários labirintos", postulou Kant. "Todas essas cavidades contêm um fogo ardente ou algum material combustível que requer apenas um pequeno estímulo para devastar com violência a sua volta e sacudir ou mesmo fender a terra acima dele."

As hipóteses de Kant e de Aristóteles careciam de uma compreensão da propagação de ondas, que teria explicado o efeito e a amplitude da atividade sísmica. O fenômeno da movimentação das falhas geológicas, origem dos terremotos, só seria descoberto mais de cem anos depois, mas a incapacidade deles para imaginar um movimento na terra a partir de um epicentro sísmico era uma deficiência fundamental. Na época do terremoto de Lisboa, a base para uma teoria da propagação da onda já existia. No final do século XVII o filósofo experimental inglês Robert Hooke mencionara a natureza da elasticidade em sólidos, e em 1747 o matemático francês Jean Le Rond d'Alembert solucionou o problema do movimento de onda em seus experimentos sobre as vibrações transversais de uma corda tensionada uniformemente. Para fazer avançar o novo campo da sismologia, no entanto, alguém tinha que ligar os pontos, e o terremoto de Lisboa forneceu o impulso para que isso fosse feito.

A descoberta definitiva foi feita pelo reverendo John Michell, professor de geologia e mineralogia em Cambridge, cujo interesse foi despertado pelos relatos vívidos de testemunhas do desastre de Lisboa, publicados com destaque na imprensa britânica, inclusive na *London Gazette*, no *Public Advertiser* e na *Gentleman's Magazine*. Pela primeira vez cientistas europeus, ou "filósofos naturais", tinham acesso a relatos bastante confiáveis da cena de um desastre nas proximidades, em tempo recorde. E não parece muito improvável que a leitura que Michell fazia dessas publicações, onde os sobreviventes de Lisboa repetidamente se referiam à

O ÚLTIMO DIA DO MUNDO

ondulação do solo, semelhante a ondas do mar ou a campos de trigo soprados pelo vento, possa tê-lo levado a uma descoberta. Seja como for, foi Michell quem primeiro enunciou a natureza ondular da atividade sísmica, em seu ensaio inovador *Conjectures Concerning the Cause of Observations upon the Phaenomena of Earthquakes* (Conjecturas relativas à causa de observações sobre o fenômeno dos terremotos) (1760), no qual ele escreveu: "O movimento da terra nos terremotos é em parte tremulante e em parte propagado por ondas que se sucedem por vezes a grandes distâncias e por vezes a distâncias pequenas; e este último movimento é geralmente propagado mais longe do que o primeiro." A analogia que Michell empregou para ilustrar o fenômeno ao leigo era tanto óbvia quanto irrefutável: "Suponha que um pano grande ou um tapete (estendido sobre o chão) seja erguido em uma ponta e então, de repente, trazido de volta ao chão; o ar debaixo dele, dessa forma impelido, irá passar por sua extensão, até escapar pelo outro lado, levantando o pano em uma onda por todo o caminho." Um século mais tarde, Robert Mallet iria desenvolver uma análise muito mais abrangente dos distúrbios sísmicos, como resultado de seu estudo do terremoto napolitano de 1857, mas foi Michell com sua especulação acerca do desastre de Lisboa que efetivamente marcou o nascimento da sismologia moderna.

Seria um erro, no entanto, retratar todas as atitudes e observações portuguesas relativas ao terremoto como moralistas e imóveis, e aquelas de todo o resto da Europa como inteiramente empíricas e distanciadas da religião. A realidade era muito menos definida. A Inglaterra de meados do século XVIII, por exemplo, era inegavelmente um local de extraordinários avanços científicos e tecnológicos, berço de Newton e Halley, Hume e Maclaurin; mas o espírito da época certamente não era aceito por todos. A interpretação bíblica dos fenômenos naturais e daqueles influenciados pelo homem tinha uma história longa e resiliente. Um dos rumores populares sobre a causa do Grande Incêndio de Londres de 1666, por exemplo, era que ele resultara do desgosto de Deus com Carlos II por este haver tomado como esposa uma católica, a portuguesa dona Catarina de Bragança. E uma série de tremores moderados na Inglaterra em 1750 deu origem à disseminação da ideia de que o fim estava próximo, ocasionando uma renovação espiritual por todo o país. Tampouco a média dos cidadãos ingleses considerava o terremoto de Lisboa um fenômeno puramente natural – longe disso. John Michell e seus contemporâneos interessados em ciência podem ter se engajado num empirismo rigoroso, mas para o homem comum a mão de Deus manejando o chicote ainda parecia explicar melhor uma catástrofe. Estas eram as almas que se dirigiam em multidões para ouvir a pregação de John Wesley ou George Whitefield, e o que recebiam não era uma ciência florescente, mas uma dose estrondosa da boa e velha religião. A explicação de Wesley sobre as causas naturais para os fenômenos físicos era tão obstinada quanto qualquer coisa que os teólogos católicos pudessem propor:

> A Terra ameaça engolir você. Onde está sua Proteção agora? ... Se alguma coisa pode ajudar, deve ser a Prece. Mas para quem você vai rezar? Não para o Deus do Céu: você supõe que ele não tem nada a ver com Terremotos. Não: eles derivam meramente de uma Via natural, seja da própria Terra ou do Ar incluído ou dos Fogos ou da Água subterrâneos. Se você rezar então (o que talvez nunca tenha feito), deve ser para algum desses. Começa. "Oh, Terra, Terra, Terra, ouça a Voz de

seus Filhos. Escute, Oh Ar, Água, Fogo!" E você vai ouvir? Você sabe, não pode ser. Quão deplorável, pois, é essa Condição, de quem, em uma Hora dessas, não tem mais Nenhum lugar para onde fugir? Quão incômoda é a Suposição que implica isto, por Consequência natural e direta, ou seja, que todas estas Coisas são o puro Resultado de Causas meramente Naturais.[25]

Na verdade, a suposição de causas naturais dava muito mais conforto. A ciência transformava os pecadores do fanático religioso em meras vítimas de um desastre natural; a culpa era substituída pelo acaso, e o chamado ao arrependimento pela necessidade de reconstrução e renovação. Se o dogma religioso era capaz de fazer os sobreviventes se encolherem de medo com a ameaça de danação e a promessa de redenção, a ciência poderia revelar os mecanismos do mundo natural e libertar os ignorantes e os crédulos de séculos de fanatismo. Carvalho, juntamente com outros Estrangeirados e uma ou outra mente esclarecida, sabia disso e estava determinado a que, na dialética a respeito da interpretação da calamidade, a luz da razão triunfasse sobre o obscurantismo religioso. Assim, enquanto Malagrida e outros como ele estavam nas ruas pregando o arrependimento e a futilidade de reconstruir, Carvalho procurava os princípios racionais que explicariam um cataclismo natural a um povo que até então fora instruído do púlpito.

Em janeiro de 1756, Carvalho publicou um inquérito contendo 13 perguntas, uma espécie de questionário sismológico, que foi enviado às dioceses de Portugal inteiro. Possivelmente, não foi o próprio Carvalho quem redigiu as perguntas; é mais provável que elas tenham sido obra de Sanches ou Verney. Mas Carvalho se responsabilizou pela iniciativa, que ficaria conhecida pela História como o Inquérito de Pombal, um dos documentos fundadores da sismologia moderna. As perguntas tentavam estabelecer os parâmetros do desastre segundo critérios puramente científicos; são praticamente as mesmas perguntas que qualquer sismólogo contemporâneo consciencioso faria, sem o benefício dos instrumentos de calibragem modernos:

I - A que horas principiou o terremoto de 1º de novembro e que tempo durou?

II - Se se percebeu que fosse maior o impulso de uma parte que de outra?, p.ex., do norte para o sul, ou pelo contrário, se parece que caíram mais ruínas para uma, que para outra parte?

III - Que número de casas arruinaria em cada freguesia, se havia nela edifícios notáveis, e o estado em que ficaram?

IV - Que pessoas morreriam, se algumas eram distintas?

V - Que novidade se viu no mar, nas fontes, e nos rios?

VI - Se a maré vazou primeiro, ou encheu, a quantos palmos cresceu mais que o ordinário, quantas vezes se percebeu o fluxo, ou refluxo extraordinário, e se se reparou que tempo gastava em baixar a água, e quanto tempo em tornar a encher?

VII - Se abriu a terra algumas bocas, o que nelas se notou, e se rebentou alguma fonte de novo?

VIII - Que providências se deram imediatamente em cada lugar pelo eclesiástico, pelos militares, pelos ministros?

O ÚLTIMO DIA DO MUNDO

IX - Que terremotos têm repetido depois de 1º de novembro, em que tempo, e que dano têm feito?

X - Se há memória de que em algum tempo houvesse terremoto, e que dano fez em cada lugar?

XI - Que número de pessoas tem cada freguesia, declarando, se puder, quantas há de diferente sexo?

XII - Se se experimentou alguma falta de mantimentos?

XIII - Se houve incêndio, que tempo durou, e que dano fez?

Essas perguntas podem parecer, hoje, surpreendentemente rotineiras, mas para Portugal no século XVIII elas eram revolucionárias em sua objetividade. Não existia qualquer alusão à metafísica ou à moral; elas não faziam referência a augúrios ou atos pecaminosos, não havia qualquer menção a Deus ou à ira divina. Algumas eram questões pungentes relativas às ações e aos efeitos do terremoto, enquanto outras mostravam claramente uma preocupação com a administração moderna do desastre, inquirindo acerca das medidas tomadas pelas autoridades ou da situação dos estoques de comida. Não somente Deus era excluído do quadro, mas agora um Estado esclarecido havia entrado em cena.

CAPÍTULO SETE

COMO UMA FÊNIX RENASCENDO DAS CINZAS

Como as casas, conventos, igrejas etc. são grandes e todos construídos em pedra branca, parecem muito bonitos a distância; mas à medida que você chega mais perto e percebe que lhes falta qualquer tipo de ornamento, toda a ideia de beleza desaparece de imediato [...] Se um homem repentinamente chegasse aqui de Palmira e não tivesse visto nenhuma outra cidade, em quanta luz gloriosa a arquitetura antiga lhe apareceria! E que desolação e destruição das artes e das ciências ele concluiria haverem ocorrido entre as várias eras dessas cidades!

– Henry Fielding, *Journal of a Voyage to Lisbon* (Diário de uma viagem a Lisboa), 1755.

Fielding foi um dos últimos observadores estrangeiros a deixar uma referência literária a Lisboa antes da queda. Seu olhar habitualmente crítico pode ter sido acentuado por conta de sua condição física; ele estava morrendo de icterícia e hidropisia. O autor do inimitável romance *Tom Jones* (1749) chegara a Lisboa em agosto de 1754 com a mulher e uma filha, à procura de um clima mais ameno para sua saúde; mas nem Fielding nem seus médicos se iludiam a respeito do tempo que lhe restava. A viagem da Inglaterra tinha sido longa e tediosa, e um registro dela aparece na obra póstuma de Fielding *Diário de uma Viagem a Lisboa*, uma das grandes obras sobre os horrores de viajar. O que Fielding tinha a dizer sobre Lisboa não era gentil. Ele admirou devidamente o Mosteiro dos Jerônimos e os vastos panoramas do Tejo, mas rejeitou a capital em si, mesmo vista do conforto relativo de uma liteira, como "a cidade mais desagradável do mundo". Tampouco, ao que parece, a mudança de clima fez muito bem a ele. Fielding morreu em 8 de outubro, apenas dois meses depois de sua chegada, e foi enterrado no cemitério inglês. Um monumento de pedra, erigido em 1830, traz a inscrição *Luget Britannia gremio non dari fovere natum* (A Inglaterra lamenta não ter curado seu filho em seu seio).

Por mais pessimista que Fielding estivesse se sentindo, contudo, ele não estava inteiramente equivocado. Lisboa tinha seus palácios esplêndidos e suas igrejas forradas de ouro, e o Tejo e as sete colinas da cidade emprestavam-lhe uma singular beleza topográfica; mas em meados do século XVIII, o aspecto geral da cidade era de deterioração e insalubridade. As ruas e vielas medievais eram tortuosas e irregularmente pavimentadas, contaminadas por esgotos a céu aberto e com frequência impróprias para o tráfego de carruagens. A famosa pedra branca de Lisboa era o material de construção preferido para palácios, igrejas e casas melhores, mas a maior parte das moradias, amontoadas e construídas em proximidade opressiva, era feita de simples adobe. No bairro da Baixa, centro histórico da cidade, as enchentes do Tejo, animais nocivos e epidemias eram comuns. Havia poucos espaços públicos interessantes, exceto, talvez, a praça do Rossio, onde os ricos se reuniam para passear a pé ou em suas liteiras e fofocar, mas apenas à luz do dia. Era considerado loucura aventurar-se a sair desarmado depois do anoitecer.

Teria sido bastante compreensível abandonar o centro de Lisboa depois do terremoto; a Baixa havia sido arrasada e totalmente incendiada, e milhares de cadáveres permaneciam enterrados nos escombros. "Eles [a população] têm se ocupado nos últimos dias em recolher os corpos dos mortos", escreveu um comerciante inglês em 18 de novembro, "que são transportados para os campos próximos, mas a maior parte ainda permanece debaixo dos entulhos, e nem acho que seria seguro removê-los, embora isso fosse recomendável devido ao fedor. O rei, eles dizem, fala em construir uma nova cidade em Belém. Mas aconteça o que

O ÚLTIMO DIA DO MUNDO 179

acontecer, certamente ele não irá pensar em reconstruir o velho, até que estes corpos tenham jazido tempo suficiente para serem consumidos".[1] A opinião geral era que Lisboa recebera um golpe de morte e que tentar reconstruir a cidade seria apenas provocar Deus (diziam os piedosos) ou a natureza (diziam os filósofos). Mas se o dogma e a razão exigiam abandonar Lisboa a seu destino infeliz, não era possível cortar tão facilmente os poderosos laços históricos e sociais com a capital. A Baixa tinha sido habitada desde a Antiguidade; como Portugal, era um verdadeiro palimpsesto de culturas fenícia, cartaginesa, romana, visigoda, moura e cristã. O bairro abrigava grande número das instituições mais emblemáticas do país, reais, eclesiásticas, comerciais e culturais, e abarcava uma geografia de poder e identidade nacional. O Paço da Ribeira, palácio construído à beira d'água por dom Manuel I no começo do século XVI, era a sede da monarquia e o cenário patriótico de restauração da independência portuguesa em relação à Espanha. Nas sombras do palácio ficavam muitos cais e a Casa da Índia, aonde os frutos e espólios de um vasto império chegavam para embelezar uma capital de esplendor oriental. O bairro tinha monumentos à caridade, como o Hospital de Todos os Santos, que oferecera alívio aos doentes e miseráveis desde o fim do século XV, bem como monumentos à crueldade indizível, como o Palácio da Inquisição. A Casa da Ópera barroca, inaugurada por dom José I apenas seis meses antes do terremoto, era invejada em toda a Europa; e nas vésperas do desastre o castrato Caffarelli, então no auge da fama, ofereceu um bel canto a uma casa lotada.*

---

* Em agradecimento pelo fato de ter sobrevivido ao desastre, Caffarelli retirou-se imediatamente dos palcos da ópera e desde então cantou exclusivamente em igrejas.

Com a destruição desses monumentos da Coroa, da Igreja, do comércio e da cultura, Lisboa foi privada dos pontos cardeais que sustentavam um sentimento de identidade nacional. Contudo, por mais força que tivessem esses símbolos, eles revelavam apenas parte da tragédia. Através dos séculos, inúmeras entidades e instituições menos grandiosas tinham constituído em conjunto um delicado tecido urbano. Também foram queimados e enterrados os outrora fervilhantes mercados e tabernas, bem como lojas e empresas comerciais que vendiam as mercadorias exóticas – pimenta, fumo, cacau, madeiras preciosas e sedas – que haviam enriquecido Portugal; oficinas de artesanato como as dos ourives, onde lingotes de ouro se transformavam em adornos dourados; teatros populares que ofereciam às massas iletradas apresentações na língua vernácula; e grande número de outras associações cívicas, fraternidades religiosas, corporações profissionais e instituições de caridade. Lisboa era composta por dezenas de bairros – entre eles a moura Alfama, o elegante Bairro Alto e a Graça, a Mouraria e Alcântara –, mas a destruição deles não teria afetado a cidade da mesma maneira. A Baixa era o coração e a alma da capital, e Lisboa sem ela era inconcebível, como Londres sem a City ou Roma sem o monte Palatino. Mas a Baixa morrera de fato. Abalado até os alicerces, queimado até a essência e despido de toda a vida, o centro histórico de Lisboa era um deserto urbano.

Em 4 de dezembro, pouco mais de um mês depois do terremoto, a terra continuava a ser afetada por tremores secundários. Muitas ruas permaneciam cheias de escombros, corpos eram desenterrados dos entulhos e a ajuda estrangeira ainda não chegara. Nesse dia, Manuel da Maia, engenheiro-chefe da corte, apresentou seus planos para a reconstrução de Lisboa. Outros podem ter rejeitado ou desencorajado a

O ÚLTIMO DIA DO MUNDO 181

restauração de Lisboa como pura loucura, mas o engenheiro Maia, aos 78 anos de idade, era impávido. Na verdade, para Portugal ele era uma espécie de anomalia, um homem de origem extremamente humilde (seu pai tinha sido pedreiro) e de pouca educação formal que tinha alcançado uma das mais altas posições do reino. Por falta de recursos e relações sociais, Maia se alistara no exército quando jovem e iniciara uma ascensão lenta mas determinada na hierarquia. O que lhe faltava em escolaridade, ele compensou lendo vorazmente, em especial a história militar e a arte e ciência da fortificação, embora nunca tenha abandonado o bom senso camponês. A vida de Maia era um testemunho de competência e prova de que, mesmo em um país onde o sangue nobre e as relações pessoais eram aparentemente de suma importância, o mérito também era recompensado. Ele lutou contra os espanhóis em Badajoz, modernizou fortificações ao longo da fronteira, completou um levantamento altamente científico de Lisboa, construiu o monumental Aqueduto das Águas Livres, juntamente com Custódio Vieira e Carlos Mardel, organizou os arquivos reais e, além disso, tomou conta de alguns palácios e possessões reais. Era membro da Academia Real de História e historiógrafo da Casa de Bragança. Se Maia tivesse se beneficiado de vantagens sociais e uma educação apropriada, pode-se imaginar o que mais ele poderia ter realizado.

A proposta de Manuel da Maia, ou a *Dissertação*, como ele a chamou, para a reconstrução da capital se dirigia aparentemente, como a maioria dos documentos oficiais, ao rei, mas na verdade foi apresentada a Carvalho, que monopolizava todas as decisões relativas ao futuro de Lisboa. Como todo o trabalho de Maia, a proposta era exaustiva, amplamente detalhada e prática; consistia em cinco diferentes opções para a capital, indo do completo abandono à construção de uma cidade nova em cima das ruínas da velha, bem como um resumo das vantagens e desvantagens de cada cenário. Se Carvalho tinha alguma dúvida sobre a ideia de confiar a reconstrução de Lisboa a um engenheiro militar em vez de a um arquiteto, ela provavelmente logo se desfez. O conhecimento de Manuel da Maia a respeito de Lisboa era evidentemente enciclopédico em virtude dos anos que vivera na capital, de seu trabalho no aqueduto e, o mais importante, de seu levantamento da cidade em 1718. Além disso, colocar um militar no comando da reconstrução imporia certa disciplina regimentar aos trabalhos, que prometiam ser tão demorados e problemáticos quanto qualquer campanha militar prolongada.

A primeira opção de Maia era reconstruir Lisboa exatamente como era antes do desastre, usando material das ruínas. Essa seria a solução mais barata e mais rápida, e a ausência de quaisquer alterações significativas no panorama urbano evitaria questões jurídicas com os proprietários dos lotes afetados. Contudo, também constituiria um total repúdio ao planejamento urbano e uma oportunidade perdida para Lisboa, de proporções históricas. Um respeito semelhante por direitos de propriedade levara Londres a perder um brilhante esquema urbano projetado por Christopher Wren após o Grande Incêndio de Londres de 1666, um caso que Maia e Carvalho sem dúvida conheciam. E devolver Lisboa a sua condição pré-terremoto seria repetir as antigas deficiências, como ruas irregulares e excessivamente estreitas e construções altas, que exacerbaram as avarias e os esforços de resgate depois do terremoto e do incêndio. Um cenário como esse, advertia Maia, "supõe que o terremoto passado não é prognóstico de outro".[2]

A segunda e a terceira opções de Maia respeitavam o plano essencial da velha Lisboa, mas propunham alargar algumas ruas principais e impor restrições de altura nas construções. Na quarta opção, Maia sugeriu audaciosamente derrubar todo o bairro da Baixa, ou o que restou dele, usando os entulhos para criar uma fundação mais extensa e "criando ruas novas sem restrições". Uma cidade moderna iria se desenvolver sobre as fundações da velha e o novo panorama urbano seria governado por regulamentações e escalas de construção severas, pelas quais "nem a largura nem a altura dos edifícios deve exceder a largura das ruas". O plano incluiria modernas instalações sanitárias, tais como um sistema de esgoto, drenagem adequada e espaço generoso para tráfego de pedestres e carruagens – em suma, um uso esclarecido do espaço que seguia as ideias mais atualizadas de planejamento urbano.

A última opção de Maia, e a que ele pessoalmente preferia, era construir uma capital inteiramente nova entre Alcântara e Pedrouços, perto de Belém, e "rejeitar a Lisboa em ruínas". Era claramente a proposta mais radical de Maia, mas não tinha nada de impraticável; a área em torno de Belém sofrera poucos estragos do terremoto e ficava próxima da velha Lisboa o bastante (aproximadamente quatro milhas) para tornar a transição menos traumática do que, digamos, mudar a capital para Coimbra ou para o Porto.* Compreensivelmente, Maia temia construir de novo em Lisboa; a perda de vários cais à beira da água perto do Terreiro do Paço, que tinham sido literalmente engolidos pelo rio, o deixava especialmente intranquilo. "Também a submersão do novo Cais da Alfândega do Tabaco parece estar aconselhando a que não se avizinhem a um lugar que

---

* A área a oeste de Lisboa, inclusive Belém, fica sobre uma base de rochas vulcânicas conhecida como Complexo Basáltico de Lisboa, que provou ser mais resistente à atividade sísmica do que Lisboa propriamente dita.

mostra estar combalido e poderá vir a ser de novo abalado, junto com tudo o que o acompanhar."

Parece que Carvalho percebeu as coisas de forma diferente. As quatro primeiras opções eram todas discutíveis, mas a quinta era inconcebível. Afinal, Carvalho não tinha arriscado a vida e lutado para salvar Lisboa apenas para ver a capital abandonada. O medo de futuras calamidades, ele pensava, era exagerado e contribuía para uma sensação de fatalidade que estava enfraquecendo a cidade. Lisboa não fora vítima de terremotos devastadores periódicos, como fora Nápoles, por exemplo, embora um terremoto anterior no século XVI tivesse causado danos consideráveis. Apesar da severidade do desastre do Dia de Todos os Santos, a cidade poderia muito bem atravessar um milênio ou mais sem um novo terremoto. Para um engenheiro como Manuel da Maia, a ideia de transpor a capital podia ser inteiramente sensata, mas para Carvalho estavam em jogo questões econômicas, políticas e sociais de importância vital que ele não podia ignorar. Sua preocupação não era apenas com Lisboa, mas com o destino da monarquia e também com a viabilidade econômica de Portugal como nação. O abandono de Lisboa seria atribuído ao rei e interpretado universalmente como um sinal de capitulação. A aura da capital não poderia simplesmente ser transferida para um novo local, nem seria possível praticamente suspender os negócios da cidade e do Estado enquanto a hercúlea tarefa de construir uma nova capital se arrastasse durante anos; isso seria um convite ao caos, a única situação que nenhum rei digno poderia permitir e à qual poucas monarquias poderiam sobreviver. As implicações comerciais seriam ainda piores. A não ser que o rei garantisse uma recuperação determinada e inequívoca de Lisboa, os mercadores logo iriam levar seu comércio para outras partes, e Portugal, um país com uma agricultura

O ÚLTIMO DIA DO MUNDO

dispersa e nada científica e uma pequena base industrial, mergulharia no tipo de ruína econômica que nenhuma quantidade de ouro brasileiro poderia fazer melhorar. Não obstante, o desastre também oferecia uma oportunidade singular de renovação. O novo espírito iluminista de planejamento urbano estava ganhando terreno na Europa, trazendo consigo a promessa de progresso social. Ordem, regularidade, proporção, simetria e luz poderiam ser impostos a uma paisagem física, e, por conseguinte, o homem, criatura de seu ambiente, passaria por uma transformação regenerativa e chegaria a ser governado pela razão. Pelo menos era o que dizia a lógica otimista. A arquitetura foi posta a serviço de uma visão utópica. Aqui, Carvalho logo entendeu, estava a oportunidade de realizar o tipo de mudança social e econômica necessárias para despertar Lisboa e Portugal de uma modorra de séculos. Ele rejeitou as opções de Maia para essencialmente reconstruir Lisboa em seus moldes medievais. O que a cidade necessitava, ele insistia, era o tipo de reforma ousada da quarta opção de Maia. A Baixa seria nivelada e surgiria um novo centro para servir de modelo, um sinal para o resto da cidade e para o mundo exterior, indicando que uma nova Lisboa tinha renascido das cinzas como uma fênix. Carvalho escolheu essa visão reluzente de uma capital revivificada e o rei dom José I, que não era de negar a vontade de seu ministro, consentiu sabiamente.

Aos 78 anos, Manuel da Maia estava no fim de uma carreira longa e eminente a serviço de três monarcas. Ele estava bastante consciente de que poderia iniciar a reconstrução de Lisboa, mas era improvável que visse o projeto completado. Entendeu que seu papel era o de um mentor experiente e instigante, e reuniu em torno de si um grupo de colaboradores talentosos que teriam a energia e a capacidade necessárias para realizar o projeto monumental. Eles formavam nitidamente um grupo marcial, que incluía o tenente-coronel Carlos Mardel, arquiteto e engenheiro de origem húngara e membro do Círculo de Estrangeirados; o capitão Eugénio dos Santos, chefe dos arquitetos no Senado da Cidade; o capitão Elias Sebastião Poppe; e o tenente Gualter da Fonseca.

Todos eram engenheiros militares, mas Mardel e Santos também eram arquitetos de primeira, com experiência em projetos civis. Mardel tinha colaborado com Maia no aqueduto; construíra o Palácio das Águias e o Palácio de Lázara Leitão, que haviam introduzido em Lisboa elementos do barroco da Europa central; e sob dom João V, tinha sido o arquiteto encarregado de palácios reais e encomendas militares. Mardel era brilhante, refinado e – com não poucas consequências – amigo íntimo de Carvalho. Eugénio dos Santos, de 45 anos de idade, era um subordinado de Maia de muita energia e, como principal arquiteto municipal, supervisionara obras por toda a capital.

Maia deu a cada um desses arquitetos extraordinária liberdade de criar planos para a remodelação da Baixa. Ele estabeleceu os parâmetros do terreno entre o Terreiro do Paço e a praça do Rossio, que constituiriam o núcleo das obras, e insistiu em que toda terra ocupada por igrejas fosse respeitada, que modernas instalações sanitárias fossem consideradas e que reinasse um senso de simetria. Mas de resto ele limitou suas diretrizes a questões puramente técnicas. Os arquitetos eram livres para propor e Maia e Carvalho, para dispor.

Maia insistiu em que Mardel, Santos, Poppe e Fonseca examinassem dois projetos estrangeiros em particular, que poderiam servir de inspiração para seus próprios desenhos: o projeto audacioso, se bem que nunca realizado, de Christopher Wren para Londres após o Grande Incêndio e a

O ÚLTIMO DIA DO MUNDO

expansão de Turim no início do século XVIII, projetada por Filippo Juvarra para Vittorio Amedeo II, duque de Saboia e rei da Sicília. Tanto Wren quanto Juvarra se inspiraram na Antiguidade ao impor uma estrutura ordenada de ruas e praças em uma paisagem urbana, mas as circunstâncias da topografia em Londres e Turim eram completamente diferentes das de Lisboa. Juvarra tivera a vantagem de planejar uma nova cidade ao lado da velha Turim em terreno praticamente virgem; ele pôde, portanto, projetar sua nova visão de extensas praças públicas e de bulevares amplos e retos sem demolir construções existentes ou entrar em conflito com os interesses de proprietários de imóveis. Por conseguinte, o projeto de Turim era, de acordo com Maia, "mais divertimento que trabalho", como ele escreveu em sua *Dissertação*, mas, como modelo de escala e proporção incomparáveis, o plano de Juvarra era quase impecável.

O esquema de Wren para reconstruir Londres em moldes clássicos, com avenidas arborizadas uniformes irradiando de uma praça central, tinha um apelo especial para Maia, embora ele só tenha podido conhecer um dos planos do inglês, que não tinha detalhamento suficiente.

O projeto de Wren para Londres era não apenas um exemplo de planejamento urbano esclarecido, mas também uma história instrutiva sobre o poder dos proprietários de imóveis para sufocar mudanças no tecido urbano. O rei Carlos II inicialmente aprovara o projeto de Wren, mas as famílias nobres, que eram as principais donas de terrenos no centro de Londres, protestaram de forma tão agressiva que o rei retirou seu apoio. Wren teve o consolo considerável de reconstruir mais de cinquenta das igrejas de Londres, entre as quais a catedral de São Paulo, mas a cidade perdeu um planejamento urbano que a teria tornado o paradigma de uma metrópole esclarecida.

Os arquitetos de Lisboa poderiam se basear em numerosos outros exemplos de planejamento urbano moderno, tais como os projetos em estilo paladiano de John Wood, o Velho, na cidade de Bath, Inglaterra; os *faubourgs* de Paris; e os novos bairros em cidades da Alemanha como Erlangen e Neuwied, para citar alguns exemplos. Mas os modelos mais imediatos para cidades planejadas vieram, curiosamente, dos assentamentos coloniais espanhóis e portugueses na América Latina, onde a norma era um esquema rigoroso de ruas e praças perpendiculares.

Ao longo do inverno e do início da primavera de 1756, enquanto os arquitetos estavam debruçados sobre suas mesas de desenho esboçando projetos para a futura Baixa, o cenário real continuava a ser de desespero. Uma verdadeira favela havia surgido no centro da cidade, precisamente onde Carvalho, Maia e sua equipe de arquitetos visualizavam a reconstituição de Lisboa. Boatos a respeito da transformação da Baixa tinham levado ansiosos ex-moradores a garantir seus direitos construindo cabanas e abrigos improvisados por cima das ruínas de suas antigas casas. Um decreto baixado em dezembro de 1755 proibiu qualquer construção, temporária ou não, nas áreas destruídas pelo terremoto, mas foi amplamente ignorado; muitos sobreviventes não tinham alternativa e careciam dos recursos para construir um abrigo nos arredores da cidade. O governo era solidário, mas intransigente. No dia 31 de janeiro, trezentos soldados entraram no centro de Lisboa para limpar a área dos invasores. Encontraram pouca resistência (quem, de fato, teria tido disposição para lutar depois da provação do abalo?), mas despertaram muito ressentimento. Uma semana depois, um novo decreto ordenou a destruição de todas as construções ilegais, criando, por assim dizer, ruínas sobre ruínas.

O ÚLTIMO DIA DO MUNDO

Carvalho era o responsável pelas táticas violentas, e suas medidas, embora necessárias, criavam uma legião de críticos e inimigos cabais. O clero, agora, zombava do esforço de recuperação. Havia um número crescente de descontentes: nobres, ciumentos da autoridade de Carvalho e de sua influência sobre o rei; e comerciantes locais e estrangeiros, dos quais fora cobrado um imposto de quatro por cento sobre todas as mercadorias importadas, para ajudar a pagar a construção da nova Alfândega. Mesmo no longínquo Brasil os colonos estavam irritados por causa de um generoso *donativo* de 3 milhões de cruzados para a recuperação de Lisboa. Mas, enquanto tivesse a bênção do rei – e ao que tudo indica ela era total –, Carvalho era imune à crítica pública e estava acima das reprimendas. Ele sabia quem eram seus inimigos, na maioria jesuítas e nobres recalcitrantes, e lidaria com eles quando as circunstâncias permitissem. No meio-tempo, Carvalho concentrou suas consideráveis energias na ressurreição de Lisboa, sabendo muito bem que seu destino, sem falar do da capital, dependia dela.

Em 19 de abril, Manuel da Maia apresentou a parte final de sua *Dissertação,* acompanhada por seis propostas de projetos para a reconstrução do centro de Lisboa, ao rei e a seu ministro. Os projetos detalhados por Mardel, Santos, Poppe e Fonseca eram, acima de tudo, um tributo à escola portuguesa de engenharia militar e à sólida orientação de Maia. Os desenhos eram audaciosos e mesmo visionários, marcados por um domínio surpreendente dos princípios de harmonia, simetria e proporção que eram as características mais marcantes do novo planejamento urbano. Um dos planos para a reconstrução da Baixa, o de número cinco, do capitão Eugénio dos Santos, encantou Carvalho e, por extensão, dom José I. Uma nova Baixa extensa, com amplas avenidas, ruas perpendiculares uniformes, quarteirões de edifícios simétricos e praças monumentais, seria sobreposta às ruínas de Lisboa e às memórias ainda vivas da velha cidade medieval. Se Carvalho esperava um desenho racional que infundisse na capital um novo espírito de ordem e progresso, ele claramente o tinha encontrado. A Baixa de Santos era uma grade meticulosa de ruas dispostas em um eixo norte--sul, com o Rossio e o Terreiro do Paço em cada ponta. As duas praças eram ligadas por três avenidas amplas ou ruas nobres, que, por sua vez, eram cruzadas por sete ruas lineares transversais; as avenidas estavam fixadas em 20 metros de largura, dos quais 15 metros eram reservados à passagem de veículos e cinco para calçadas, e as transversais teriam 12 metros de largura. Depois das vielas medievais estreitas e tortas a que a população estava acostumada, essas novas vias públicas pareciam decididamente vastas. O projeto propunha quarenta construções retangulares orientadas no sentido norte-sul e 12 orientadas no sentido leste-oeste, mais três construções quadradas e uma estranhamente trapezoidal. Essa variação sutil no alinhamento das construções era suficiente para evitar uma sensação excessiva de monotonia e dar um certo dinamismo ao conjunto. Cada quarteirão de construções tinha quatro andares e contava com um pátio central que permitia que uma enorme quantidade de luz alcançasse o interior. As fachadas eram rigorosamente coerentes tanto no comprimento quanto na altura e levavam janelas, portas, balcões, beirais e cornijas uniformes, que davam à sucessão de edifícios a aparência grandiosa de um palácio contínuo. O conjunto arquitetônico era ao mesmo tempo nobre e, ao menos para o gosto tradicionalmente barroco dos portugueses, agradavelmente sutil.

A peça central no projeto arquitetônico de Santos era o tratamento que ele dava ao Terreiro do Paço, onde o arquiteto mostrou uma compreensão sagaz das inclinações

O ÚLTIMO DIA DO MUNDO

políticas e das prioridades comerciais de Carvalho, orientador do projeto e único homem com poder para aceitar ou rejeitar qualquer dos planos propostos. A praça histórica na beira do rio era o espaço público mais carregado de simbolismo em Lisboa; havia sido o local do Palácio Real, da Casa da Índia, da Alfândega e de muitas das principais empresas de importação e exportação, todas infelizmente derrubadas e chamuscadas pelo terremoto e pelo fogo. Mas mesmo antes do desastre, o Terreiro do Paço tinha se tornado um espaço confuso. Tinha poucas construções arquitetonicamente notáveis, exceto o Palácio Real; um forte, a Alfândega e vários armazéns e cais obscureciam a vista do Tejo; e todo o terreno – mais um espaço vazio do que uma praça formal – carecia de unidade espacial e arquitetônica.

O projeto de Santos iria fechar a praça de três lados: o Arsenal ocuparia o flanco ocidental, onde havia estado o palácio, a nova Alfândega seria erguida na extremidade oriental e os tribunais civis iriam demarcar a praça ao norte. O lado sul do Terreiro do Paço seria aberto para o Tejo, sem nada a impedir a vista do rio. O idioma arquitetônico de todas essas construções era único: rigorosamente neoclássico. Uma arcada abobadada com 78 arcos uniformes, estendendo-se por sob as construções, delineava a praça, dando uma sensação de continuidade visual e espacial. Das três ruas nobres que conduziam à praça a partir do norte, a rua central seria atravessada por um arco triunfal. No centro da praça, um enorme pedestal suportaria uma estátua equestre do rei dom José I. Santos, nem é preciso dizer, sabia claramente quem eram seus protetores. Seu projeto para o Terreiro do Paço era um tributo descarado ao rei e ao comércio, precisamente os dois pilares sobre os quais Carvalho esperava construir o Estado poderoso que levaria a um Portugal moderno e próspero. O ministro prontamente fez um sinal de aprovação ao capitão Eugénio dos Santos. O projeto da Baixa, o plano de construção mais ambicioso na história de Portugal, era dele.

Em junho, Eugénio dos Santos foi nomeado diretor da recém-criada Casa do Risco, que iria supervisionar todos os planos para a reconstrução; Mardel, Poppe, Fonseca e dezenas de outros, na maior parte engenheiros militares, se juntaram a ele. A construção, contudo, só começou dois anos depois, devido a disputas legais com donos de imóveis, oposição por parte da Igreja (que ainda pregava o arrependimento) e uma escassez geral de fundos. Enfim, na primavera de 1758, a construção foi inaugurada por decreto real: "Eu El Rey faço saber aos que este Alvará com força de Lei virem, que contemplando a grande vantagem, que seria para os Reinos, e Estados a reedificação da Capital deles por um novo plano regular, e decoroso ... E para que uma obra tão útil, e necessária ao Bem Comum, nem padeça as demoras, que nela serão intoleráveis, nem se faça com prejuízo dos particulares..."[3] O decreto então estipulava que os proprietários teriam o direito de construir na proporção do tamanho de suas residências anteriores, que toda construção teria de se conformar aos planos oficiais e que os moradores teriam cinco anos para a reconstruir. O rei também oferecia hipotecas vantajosas financiadas pela Coroa.

Mais uma vez, o decreto era inteiramente da autoria de Carvalho e causou descontentamento amplo, porém não universal. Refugiados da Baixa tinham vivido por mais de dois anos em precários abrigos improvisados, proibidos de reconstruir suas casas como eles desejavam; estavam compreensivelmente aborrecidos. Alguns não gostaram do limite de cinco anos imposto para a construção. Mas a oposição mais inflamada vinha de nobres conservadores que consideravam os desenhos simples e repetitivos de Santos para suas futuras casas não apenas esteticamente desagradáveis, mas também socialmente perigosos, pois a uniformidade arquitetônica implicava uma espécie de igualitarismo subversivo. Afinal, não haveria nada para diferenciar a casa de um nobre da de um comerciante, ou pior, de um merceeiro. O governo calou os críticos ao se oferecer para comprar a parte de quem não estivesse disposto a concordar com um projeto concebido para o bem comum; muitos aceitaram a oferta, embolsaram os 300 mil réis (a indenização padrão) e se mudaram para as cercanias da cidade, onde poderiam construir à vontade e de forma mais adequada a sua posição social.

Enquanto isso, na Casa do Risco, o grandioso projeto de Santos estava sendo dotado de todos os detalhes necessários antes que a construção começasse. Aqui foram discutidos muitos dos detalhes arquitetônicos e estruturais mais inovadores da Baixa. Desde o começo, o dinheiro era escasso, portanto o grande projeto de construção tinha de ser economicamente viável. A sobriedade do desenho de Santos para os quarteirões de casas da Baixa se devia tanto à necessidade de minimizar os custos da construção quanto a uma preferência estética. Foram precisamente a regularidade das fachadas de Santos e a repetição de portas, janelas, sacadas, plintos, cornijas e outros elementos arquitetônicos que possibilitaram ao engenheiro criar para o projeto uma série padronizada de componentes de construção pré-fabricados. Os pedreiros e carpinteiros podiam trabalhar fora e trazer para o local da obra, quando necessário, os elementos pré-fabricados, por exemplo, de molduras de janela. Não era o nascimento da pré-fabricação – a técnica tinha sido usada algumas vezes na construção enxaimel no norte da Europa –, mas era a primeira vez que uma forma de construção tão moderna e padronizada iria ser empregada em tão larga escala.

Os engenheiros também tinham de considerar os atemorizantes desastres futuros. Manuel da Maia sempre expressara sua relutância em reconstruir Lisboa em seu lugar tradicional por medo de outra calamidade sísmica; agora, incitava Santos a pensar em medidas estruturais que pudessem mitigar um terremoto futuro. O engenheiro sugeriu duas técnicas engenhosas que deram a suas construções uma elasticidade resistente a terremotos. A primeira tratava da instabilidade que os abalos sísmicos provocavam nas fundações das construções: as casas de Santos iriam ser construídas não sobre fundações de pedra tradicionais, mas sobre estacas de madeira gigantescas fincadas no chão e por sua vez encimadas por uma grade de toras de pinheiro, que permitiam basicamente que os edifícios flutuassem acima do terreno precário. Em segundo lugar, Santos criou uma complexa estrutura de madeira, que chamou de gaiola, para ser embutida nas paredes de alvenaria das casas. A força da gaiola estava na resistência estrutural do triângulo; a estrutura era composta por módulos retangulares de madeira divididos em oito triângulos aproximadamente iguais que, juntos, provavam ser ao mesmo tempo elásticos e capazes de suportar tensões extraordinárias. Apenas para confirmar a teoria de Santos, o coronel Carlos Mardel mandou construir um modelo de gaiola no Terreiro do Paço e ordenou às tropas que marchassem sobre ela, a esmagassem, e também que a golpeassem e a marretassem de todas as maneiras, mas eles não conseguiram botá-la abaixo.

Essas técnicas de construção resistentes aos abalos foram as primeiras a ser sistematicamente aplicadas na Europa (nessa área os japoneses tinham séculos de experiência e estavam muito à frente dos europeus) e são um tributo à engenhosidade de um modesto engenheiro militar que a História quase nunca menciona. Infelizmente, a Baixa pode

O ÚLTIMO DIA DO MUNDO 195

tê-lo matado. Eugénio dos Santos morreu aos 49 anos, em agosto de 1760, apenas alguns meses depois do começo da realização de seu projeto urbanístico. O capitão Carlos Mardel foi nomeado sucessor de Santos à frente da Casa do Risco, e ele, Maia e Carvalho se certificaram de que o projeto de Eugénio dos Santos não morresse com ele. A construção prosseguiu muito lentamente, mas nenhuma parte significativa do desenho de Santos para a Baixa foi abandonada ou modificada. Ele foi, no entanto, bastante imitado. Ao longo do tempo, o projeto da Baixa tornou-se um modelo bem conhecido de planejamento urbano esclarecido, e um século depois tanto o barão Haussmann quanto Ildefonso Cerdá, para citar apenas dois, utilizaram as ideias de Santos em suas ambiciosas transformações de Paris e Barcelona, respectivamente.

Todos os esforços de Eugénio dos Santos, e os de Manuel da Maia e de todo um corpo de engenheiros, construtores, artesãos e operários, teriam sido em vão se o ministro Carvalho não tivesse demonstrado vontade e exercido o poder necessário para executar a renovação de Lisboa. Era um empreendimento assustador e não se tratava de um processo democrático. O ministro não era de pedir conselhos a ninguém sobre a restauração, exceto aos seus engenheiros sobre problemas técnicos, e tampouco parecia precisar deles. Entre o primeiro planejamento pós-terremoto em 1755 e o início de construção em 1760, quase não se passava um mês sem que ele emitisse um decreto, edito ou diretiva para fazer avançar a reconstrução. Foi Carvalho quem escolheu Santos, selecionou o seu desenho, determinou os direitos e obrigações dos proprietários, estabeleceu o cronograma e controlou o ritmo e os recursos da restauração. Ele sabia precisamente como sua nova Lisboa ficaria e como seria organizada, até o detalhe dos nomes de ruas. Em um decreto de novembro de 1760, Carvalho deu nomes às ruas da Baixa e especificou as corporações de ofício que as ocupariam: rua dos Sapateiros para os sapateiros, rua dos Douradores para os ourives, rua dos Retroseiros para os armarinheiros, e assim por diante. As ruas principais foram agraciadas com nomes que certamente agradariam à Coroa: rua Augusta, rua Nova d'El Rei e rua Bela da Rainha. O Terreiro do Paço tornou-se a Real Praça do Comércio. Em reconhecimento a todos os seus esforços para dar nomes prestigiando o comércio e a Coroa, a História homenageou Carvalho, o futuro marquês de Pombal, denominando o coração da cidade, que fora tão completamente arrasada pelo desastre e depois renasceu tão milagrosamente, de Baixa Pombalina.

Ironicamente, justamente quando Carvalho, Maia e seus colegas estavam trabalhando duro na reconstrução, viajantes estrangeiros começaram a chegar a Lisboa, ansiosos para testemunhar em primeira mão algumas das cenas de destruição absoluta que eles haviam conhecido por meio dos jornais, dos escritos de Voltaire, de sermões e do vislumbre de gravuras toscas. Não era a nova Lisboa modelo que surgia na Baixa que esses viajantes do *Grand Tour*, uma excursão pelas principais capitais europeias, desejavam ver, mas os efeitos do triplo desastre provocado pela terra, o mar e o fogo. O que eles queriam, enfim, eram ruínas. Lisboa certamente podia oferecê-las, mas não a espécie de ruínas antigas que se desgastava lentamente ao longo do tempo, inspiravam panegíricos e se transformavam em ícones culturais de um passado distante. A paisagem arrasada de Lisboa era muito mais imediata e sinistra porque carecia da pátina do tempo. Apenas poucos anos antes, naquele lugar em ruínas, havia existido uma cidade magnífica, e seu fim não fora vagaroso, com um mergulho na decadência e um declínio longo e lamuriento, mas ocorrera em um único dia. As ruínas dos antigos, símbolos potentes de uma utopia imaginária, evocavam a aflição do anseio por uma idade de ouro perdida. A visão de Lisboa, uma cena viva de distopia, só produzia horror. "Misericórdia!", escreveu o crítico literário italiano Giuseppe Baretti. "É impossível descrever a horrível visão representada por estas ruínas agora e talvez ao longo do próximo século ou mais; porque a limpeza vai levar ao menos um século." Baretti chegou a Lisboa vindo de Londres em setembro de 1760, levando o jovem inglês lorde Edward Southwell em um *Grand Tour* por Portugal, Espanha, França e Itália. As cartas que ele escreveu para casa, dirigidas a seus irmãos em Turim, foram publicadas posteriormente na forma de um relato epistolar de viagem intitulado *Lettere famigliari di Giuseppe Baretti a' suoi tre fratelli tornado da Londra in Italia nel 1760* (Cartas familiares de Giuseppe Baretti aos seus três irmãos fazendo um giro de Londres até a Itália em 1760), e as cenas mais extraordinárias do livro retratam uma Lisboa ainda em desordem quase cinco anos depois do terremoto. Para ressaltar a força destrutiva do "mais terrível de todos os violentos fenômenos naturais, impossível de se contrapor", Baretti descreveu para seus irmãos as ruínas do Paço da Ribeira, dando a entender que nem mesmo o palácio mais sublime poderia suportar a fúria da Natureza:

> Se vocês ao menos pudessem ver o palácio real, uma vista tão estarrecedora, meus irmãos. Tentem imaginar uma estrutura de arquitetura muito bela, toda feita em mármore e pedras enormes, vasta e atarracada mais do que alta, com as principais paredes externas medindo mais de um metro de largura e que encerra um perímetro suficiente para conter não apenas a corte

do rei de Portugal mas também a de um imperador do Oriente; e no entanto essa estrutura, que devia ser tão sólida como uma montanha de bronze por causa de suas paredes espessas e sua altura moderada, foi tão severamente avariada pelo violento abalo que sua restauração não é possível.[4]

A frase de Baretti "Se vocês ao menos pudessem ver…" transmitia a sensação de que era impossível descrever o estado de Lisboa. Nenhuma descrição das ruínas, embora minuciosamente observada, poderia fazer justiça à extensão da catástrofe ou à magnitude da perda. Na verdade, "ver" uma cidade que havia sido purgada de seu passado físico tangível era um exercício inútil. No fim, o que sobrava de Lisboa era o que tinha permanecido na memória dos sobreviventes, e apenas por meio de suas histórias de morte, perda, tumulto e sobrevivência é que o desastre poderia ser adequadamente enquadrado, embora as pessoas, como Baretti descobriu, também estivessem arruinadas:

Um estranho vagando entre estas lastimáveis ruínas ouve milhares de tais relatos comoventes recitados por aqueles que o acompanham; e uma pessoa interrompe a outra para contar uma história mais cruel do que a primeira; e quem quer que passe perto e note o interesse de outras pessoas de repente para, e com gestos cheios de medo e uma expressão de luto, uma voz ainda trêmula, embora cinco anos tenham se passado desde aquele fatídico dia, reconta a história dolorosa de seus infortúnios e as perdas irreparáveis que sofreu, e então vai embora suspirando, cheio de tristeza.[5]

Visitantes estrangeiros como Giuseppe Baretti vieram contemplar as ruínas e ficaram devidamente chocados com a devastação, mas eles subestimavam as forças humanas que lutavam pela sobrevivência da cidade e delas mesmas. O futuro de Lisboa era bastante incerto, ainda havia montanhas de entulhos, as feridas permaneciam abertas e um mar de refugiados fervilhava. Todavia, a cidade estava obrigada a se reconstruir – ou afundar ainda mais na ruína.

CAPÍTULO OITO

ILUMINISMO A QUALQUER CUSTO

[Carvalho] queria civilizar a nação e ao mesmo tempo escravizá-la. Ele queria espalhar a luz da ciência filosófica e ao mesmo tempo elevar o poder real do despotismo.

– António Ribeiro dos Santos, cronista e bibliotecário na Universidade de Coimbra.

Em uma noite clara de setembro de 1758, o rei dom José I, acompanhado de seu escudeiro real, Pedro Teixeira, retornava para Belém de carruagem, do palácio do marquês e da marquesa de Távora nos arredores ao norte de Lisboa. O rei, ao que parece, tinha saído para um encontro amoroso com uma das noras do marquês de Távora, e por razões de discrição viajava na carruagem de Teixeira. Em uma estrada pouco trafegada, na calada da noite, três cavaleiros mascarados pararam a carruagem; um tiro de mosquete foi disparado; e o rei foi ferido no braço e no ombro. Os cavaleiros fugiram e a carruagem voltou às pressas para Belém com o monarca ferido e sangrando. Carvalho foi acordado em sua cabana perto do acampamento real em Belém e correu para ficar ao lado do rei. Felizmente, o ferimento não foi grave, mas o crime – tentativa de regicídio, ou assim Carvalho escolheu entendê-lo – era grave. O incidente foi mantido em segredo e o rei ficou longe do público, indisposto, enquanto se recuperava. Os espiões e informantes do ministro logo identificaram dois dos supostos cavaleiros, prenderam-nos, como era de se esperar, e os torturaram sem misericórdia. Suas confissões, obtidas no potro, comprometeram ninguém menos que o marquês de Távora. Na manhã seguinte, os dois supostos assassinos foram enforcados em segredo.

Carvalho não agiu imediatamente contra Távora; antes, vigiou o marquês e sua família, interceptou suas cartas e observou escrupulosamente seus movimentos. Ansioso para reprimir qualquer rumor subversivo de uma conspiração contra dom José I, Carvalho atribuiu a ausência temporária do rei da esfera pública a um acidente doméstico na residência real. Naturalmente, essa versão ministerial da história foi devidamente publicada na *Gazeta de Lisboa*: "El Rei Nosso Senhor, devido a uma queda sofrida dentro do seu Palácio, se sangrou no dia quatro deste mês e por beneficiar do dito remédio, que logo lhe foi aplicado, tem S. Majestade todas aquelas melhoras, que todos os seus fiéis vassalos desejamos [...]".

Em dezembro, o ministro havia descoberto o que acreditava ser uma conspiração de nobres descontentes para derrubar do trono dom José I e substituí-lo pelo duque de Aveiro. Enviaram-se tropas para prender os culpados. Eles não eram nobres quaisquer, mas alguns dos mais ricos e mais distintos do reino. Francisco de Assis de Távora, de 55 anos, era o terceiro marquês de Távora e ex-vice-rei da Índia; seu cunhado, José de Mascarenhas, 50 anos, era o oitavo duque de Aveiro, oitavo conde de Santa Cruz, quinto marquês de Gouveia e fidalgo hereditário da casa real; na escala de nobreza, ele era o mais importante depois do rei. Juntamente com Távora e Aveiro, foram presos suas esposas e os filhos, uns poucos amigos nobres, alguns criados leais, o confessor da marquesa de Távora e o velho rival de Carvalho, o padre Gabriel Malagrida, bem como uma dezena de outros jesuítas.

Em face da gravidade do crime, um tribunal especial foi formado e dispensaram-se os costumeiros processos legais e a consideração normalmente concedida aos nobres; ou seja, permitiram-se coerção e tortura. No potro, o duque

O ÚLTIMO DIA DO MUNDO

de Aveiro confessou a conspiração, e os outrora criados leais se voltaram contra os seus antigos senhores e comprometeram toda a família Távora no complô. O duque de Aveiro, o conde de Atoguia, bem como o marquês e a marquesa de Távora, seus dois filhos e três criados foram sentenciados à morte. Malagrida e os outros jesuítas foram jogados no calabouço úmido debaixo da Torre de Belém.

O processo judicial foi uma farsa; a evidência e as confissões obtidas sob tortura eram duvidosas; e a teoria da conspiração era apenas isso, uma teoria. O atentado contra a vida do rei pode ter sido menos uma questão de Estado do que a reação nervosa de Luis Bernardo de Távora, o marido traído. (Não se podia realmente censurá-lo. O que fazer quando sua mulher está envolvida com outro homem que por acaso é o rei?) Indiscutivelmente, Távora, Aveiro e dezenas de outros nobres portugueses viam Carvalho e seu espírito de reforma com desconfiança, quando não com franca hostilidade. Afinal, o ministro era um defensor implacável de uma classe mercante revigorada e de um Estado poderoso investido na Coroa, e ambos diminuíam os privilégios tradicionais e a influência das classes nobres. Os grandes e o reformador estavam destinados a entrar em conflito, mas que os grandes estivessem comprometidos com a conspiração e um golpe no palácio é, na melhor das hipóteses, questionável. Para Carvalho, pouco interessava. A oportunidade de aplicar um golpe não apenas na nobreza mas também nos grandes, a nata da aristocracia, era irresistível. Estava em jogo um pronunciado traço de vingança pessoal. Quando jovem em Lisboa, Carvalho pedira em casamento uma das filhas de Távora, apenas para ser duramente rejeitado. O filho de um nobre insignificante, um mero fidalgo rural, era evidentemente um par impensável para a filha de um grande. É claro que ele nunca esqueceu a afronta.

A execução, meticulosamente produzida por Carvalho para ter o máximo efeito, foi um espetáculo tão sádico quanto qualquer coisa que a Inquisição pudesse ter orquestrado. Em 13 de janeiro de 1759, os conspiradores foram levados à praça central de Belém, onde toda a família real, a maior parte dos nobres da cidade, uma multidão de insultadores, Carvalho e um sinistro cadafalso esperavam por eles. A marquesa foi a primeira a subir, mas não antes de lhe serem mostrados os instrumentos de tortura que seriam usados no resto de sua família. Então ela foi decapitada. Os outros tiveram sorte pior. O marquês de Távora e seus dois filhos, juntamente com o duque de Aveiro, o Conde de Atoguia e dois outros foram amarrados em cruzes de santo André; então os carrascos quebraram-lhes os braços e as pernas com uma marreta, forçaram-nos a assistir enquanto queimavam vivo um criado e depois estrangularam todos. Enquanto isso, a multidão dava vivas à queda dos poderosos. A cena grotesca durou a maior parte do dia, e depois o cadafalso e os corpos das vítimas foram queimados e as cinzas jogadas no Tejo. As famílias Távora e Aveiro foram removidas do rol dos nobres; em suas numerosas propriedades, apagaram-se os brasões das fachadas e polvilharam-se os jardins com sal para simbolizar a esterilidade.

O significado da selvageria a ninguém escapou, muito menos aos nobres, muitos dos quais depressa bateram em retirada para suas propriedades rurais, para fugir da vigilância de Carvalho e de seus espiões. Mas a conspiração dos Távora só encorajou o ministro, sobretudo depois que dom José I, para premiar seus esforços, lhe outorgou o título de conde de Oeiras. Ele então impôs um reino de terror em que foram ou aprisionados ou banidos para as colônias milhares de supostos inimigos do rei e do ministro. Ninguém estava a salvo. Até mesmo os filhos ilegítimos do rei, os "Meninos de Palhavã", que tinham oferecido abrigo e ajuda a muitos

O ÚLTIMO DIA DO MUNDO 207

sobreviventes do terremoto, foram mandados para um exílio interno em Buçaco, uma área perdida ao norte de Coimbra, onde presumivelmente não podiam fazer mal. O rei, seja por inércia ou covardia, nada fez para frear os excessos de seu ministro, e Portugal caiu rapidamente num despotismo total.

Com os outrora poderosos nobres domados, Carvalho voltou sua atenção para outro grupo que estava no caminho da reforma, muito mais ardiloso que os grandes: os jesuítas.

Carvalho conhecia muito bem os jesuítas. Tinham sido seus professores em Coimbra; tinham presença constante na corte, onde exerciam uma influência desproporcional sobre a família real; e eram participantes espertos nas atividades comerciais de suas grandes missões na América Latina e nas Índias. Se o ministro quisesse instituir reformas na educação, no comércio e na administração do Estado, não podia deixar que os jesuítas solapassem cada movimento seu. Já em 1757 Carvalho tinha conseguido demitir os três confessores reais, todos jesuítas, substituindo-os por padres seculares. Quando sua atitude provocou a ira do núncio papal, Carvalho fez uma ameaça discreta de romper todos os laços com Roma e de estabelecer uma igreja nacional com caráter vagamente protestante. O Vaticano, não querendo de modo algum perder um dos mais fortes defensores da fé católica na Europa e, além disso, grande doador para os cofres papais, se acalmou.

Carvalho aproveitou então a oportunidade para se queixar ao papa Bento XIV das práticas de comércio ilegal que a Sociedade de Jesus adotava costumeiramente em suas missões coloniais.* Essa era uma acusação grave, e embora

---

* Bento XIV não era amigo da Sociedade de Jesus; em um breve expedido em 1741, ele denunciou os jesuítas como "pessoas desobedientes, contumazes, capciosas e perversas".

o papa estivesse sem dúvida consciente da prática, foi obrigado a investigar. Ele designou o cardeal Saldanha, patriarca de Lisboa e, por acaso, amigo íntimo de Carvalho, para cuidar do assunto. Era, de todo modo, um caso de pouca dúvida. San Ignacio, o fundador dos jesuítas, havia proibido membros da ordem de acumular riquezas, mas a regra tinha sido ignorada abertamente, e já no século XVIII os jesuítas haviam se tornado, além de educadores, confessores reais e missionários, membros de uma grande sociedade de comércio exterior, com casas, missões, colégios, igrejas, fazendas de cultivo, armazéns e propriedades espalhados ao redor do globo – em uma palavra, uma multinacional. A investigação do cardeal Saldanha resultou em um decreto mordaz contra a sociedade, e confiscaram-se todas as suas mercadorias.

Justamente quando Carvalho devia pensar ter encontrado um papa com quem podia lidar com facilidade, Bento XIV morreu, na primavera de 1758, e foi sucedido por Clemente XIII, um leal defensor dos jesuítas. Carvalho teria de encontrar outra maneira de aniquilar a Sociedade de Jesus. E ele a encontrou no ambiente conspiratório do processo dos Távora. Com base no papel de Gabriel Malagrida de confessor da marquesa de Távora, Carvalho conseguiu articular uma acusação contra toda a ordem jesuíta. Os jesuítas implicados na conspiração haviam sido poupados do cadafalso em Belém apenas por serem imunes aos tribunais civis, mas no Portugal de Carvalho não haveria tolerância com a impunidade, ou, ao que parecia, com medidas pela metade. Em 3 de setembro de 1759, exatamente um ano após o atentado contra a vida do rei, Carvalho emitiu um decreto expulsando de Portugal e suas dependências a Sociedade de Jesus; fecharam-se suas escolas e a Universidade de Évora, e o Estado confiscou todas as suas propriedades. Os jesuítas

O ÚLTIMO DIA DO MUNDO 209

foram reunidos e forçados a embarcar em navios em condições miseráveis, com destino aos Estados papais.

Foi a maior vitória de Carvalho; ele tinha esmagado uma das forças mais poderosas e bem-organizadas da Europa católica, que já tinha interferido demais nos negócios internos e externos de Portugal. Erradicara o legado de duzentos anos dos jesuítas no reino e em suas colônias do seu jeito preferido, por decreto: "Por justas razões, por nós conhecidas, e que dizem respeito especialmente ao serviço de Deus e ao bem-estar público, suspendemos da autoridade de confessar e pregar, em toda a extensão de nosso patriarcado, os padres da Sociedade de Jesus, a partir deste momento, e até segunda ordem."*

Na verdade, expulsaram-se todos os jesuítas, menos um. O padre Manuel Malagrida continuava a definhar no calabouço debaixo da Torre de Belém. Carvalho poderia tê-lo deportado juntamente com os 12 outros jesuítas aprisionados, mas o ministro, como já ficara mais do que claro, não perdoava ninguém. Poucos haviam zombado dos esforços de Carvalho para salvar Lisboa, reconstruir a capital e diminuir a influência dos nobres e jesuítas com tanta veemência e tanto prazer quanto Malagrida. O ex-missionário era um inimigo perigoso; tanto em Portugal como no Brasil ele mantinha a aura de um santo em vida, um místico e um infalível guia espiritual e terreno. Seu panfleto incendiário, *Juízo da verdadeira causa do terramoto*, ainda circulava amplamente e era levado em consideração por milhares de

---

* Em 1767, a França e a Espanha fizeram o mesmo, expulsando a ordem de seus reinos. Nápoles e Parma logo se juntaram a elas. Conta-se que Clemente XIII morreu no começo de 1769 de apoplexia causada pelo abalo. Seu sucessor, Clemente XIV, acabou se vendo forçado a dissolver a Sociedade de Jesus em 1773, em seu famoso breve *Dominus ac Redemptor*.

seguidores dedicados. E ele tinha amigos poderosos que podiam frustrar os planos do ministro. Pouco antes de sua prisão, em meio à perseguição de Carvalho aos jesuítas e pouco depois da posse do novo papa, Malagrida enviou um apelo desesperado a Clemente XIII, que deixou poucas dúvidas acerca de sua profunda inimizade pelo ministro:

> Que cena desastrosa. Que espetáculo ultrajante! Que repentina metamorfose! Os arautos da palavra de Deus expulsos das missões, proscritos e condenados à ignomínia [...] e quem faz isso? Não Sua Majestade mais Fiel [...] mas o ministro Carvalho, cujo desejo é supremo na corte. Ele, sim, ele tem sido o arquiteto de muitos desastres, procurando obscurecer o esplendor de nossa sociedade, que ofusca seus olhos lívidos, com uma enchente de escritos intolerantes que exalam uma animosidade imensa, virulenta, implacável. Se ele pudesse decapitar todos os jesuítas com um só sopro, com que prazer o faria![1]

Mas Carvalho não podia decapitar Malagrida, pelo menos não por meio de um tribunal civil, então o deixou definhar no calabouço até que morresse ou perdesse a razão. Apelos por sua libertação ficaram sem resposta. Quando não estava prostrado em sua cela, suplicando o martírio com fervor, Malagrida transcrevia febrilmente as palavras das vozes dos anjos que, insistia, rondavam em sua cabeça. A partir dessa colaboração transcendental, ele produziu dois livros de revelação autoproclamada, confiscados por seus carcereiros. O primeiro era uma diatribe sobre o Anticristo; de uma perspectiva teológica, era mais ou menos inofensivo. A segunda obra, no entanto, intitulada *Vida*

O ÚLTIMO DIA DO MUNDO   211

Heroica e Admirável da Gloriosa Santa Ana, Mãe da Virgem Maria, Ditada por esta Santa, com a Assistência e a Aprovação e Ajuda de seu Mais Augusto Soberano e Seu Filho Mais Santo, era outra questão. Era um tratado delirante no qual o autor mostrava, entre outras anomalias, uma fixação doentia pelo útero de Santa Ana. Malagrida claramente enlouquecera.

Carvalho levou o decrépito padre, agora com 72 anos, diante da Inquisição, para a qual ele convenientemente designou seu irmão, Paulo de Carvalho e Mendonça, inquisidor geral. O tribunal julgou Malagrida culpado por obscenidade e blasfêmia e o condenou à morte. Estranha ironia. Aqui estavam o Santo Ofício da Inquisição e a Sociedade de Jesus, as duas instituições mais militantes produzidas pela Contrarreforma, uma devorando a outra em nome da ortodoxia. E apesar do entusiasmo antigo de Malagrida pela Inquisição, sua sentença não foi menos cruel do que a de outras vítimas. Como todos podiam ver, ele estava demente e não representava ameaça para ninguém, mas Carvalho queria impor sua vontade. Em 21 de setembro de 1761, Malagrida foi trazido diante do povo na ainda arruinada praça do Rossio e estrangulado com o garrote. Seu corpo foi, então, confinado às chamas de uma fogueira e suas cinzas, lançadas ao rio.

Se a opinião europeia precisava de mais alguma prova, depois das execuções apavorantes dos Távora, de que Portugal estava sendo consumido pelo terror, o assassinato de Malagrida – e seria espúrio chamá-lo de qualquer outro nome – forneceu a prova. A barbaridade, como sempre, foi atribuída ao atraso dos portugueses e à Lenda Negra que envolvia a Ibéria em uma mortalha, mas a violência mais recente – nobres submetidos a aviltantes execuções públicas e a perseguição e expulsão dos jesuítas – era completamente inédita, até revolucionária (e dava uma amostra do terror que ocorreria durante a Revolução Francesa). Jesuítas e nobres fora de Portugal podem muito bem ter amaldiçoado Carvalho, rezando para que ele não durasse muito e prevendo que isso acontecesse, mas subestimaram a crescente popularidade do ministro entre grandes segmentos da sociedade portuguesa que até então eram marginalizados. Ele representava os interesses de mercadores e comerciantes, cristãos-novos e novos pensadores, militares e camponeses sem terra; mas não era populista, e sim o expoente de uma monarquia popular e de uma ordem liberal, econômica, social e legal, capaz de remover as barreiras à modernidade e ao progresso.

Por qualquer definição, Carvalho era um déspota, mas era indiscutivelmente um déspota esclarecido e não muito diferente de outros governantes autoritários, como Frederico, o Grande, da Prússia; e José II, da Áustria; igualmente empenhados em instituir uma reforma geral, de cima para baixo. Apesar de toda a crueldade bem-documentada de Carvalho, ele não buscava arbitrariamente o poder em si. Não governava para obter lucro financeiro pessoal (contrariamente às acusações de seus inimigos) e resistiu à promoção de um culto a sua própria pessoa, preferindo, em vez disso, atribuir suas realizações ao rei. Para Carvalho, o poder era apenas um meio para impor reformas duradouras em uma sociedade que se tornara frágil pela submissão a uma igreja arcaica e suas crenças inflexíveis, e a uma nobreza entrincheirada que por princípio resistia a mudanças de qualquer natureza – política, social ou econômica. As convicções políticas de Carvalho não foram adquiridas de forma súbita nem precipitada; ao contrário, sua crença em um Estado robusto, fundamentado em uma monarquia absoluta, era resultado de uma longa evolução. Durante suas tarefas diplomáticas em Londres (de 1738 a 1745) e em Viena (de

1745 a 1749), Carvalho testemunhou em primeira mão os benefícios do absolutismo esclarecido e devidamente os registrou. De sir Robert Walpole, primeiro-ministro britânico sob Jorge II, ele aprendeu a importância do poder como garantia de ação independente, a necessidade de promover uma dinâmica classe de comércio nacional e internacional, e o papel supremo das finanças na sobrevivência de um Estado moderno. De Maria Teresa e seu chanceler Wenzel Anton von Kaunitz, Carvalho aprendeu sobre reformas administrativas modernas, os benefícios da centralização e a necessidade de retirar a Igreja dos assuntos de governo.

Carvalho estava muito consciente, no entanto, de que a tarefa da reforma em Portugal iria ser difícil, porque o país estava estacionado em quase todas as frentes. Os problemas seculares de comunicações obsoletas, indústria insuficiente, desequilíbrios comerciais, estagnação social e um antiquado sistema educativo, todos ofuscados pelo brilho radiante dos lingotes de ouro, impediam Portugal de ocupar o seu lugar de direito entre as nações civilizadas da Europa. Chegara a hora para um esquema amplo de reforma, e podia-se dizer que Carvalho era o único homem no reino que poderia levá-lo a cabo.

Desde o momento em que Carvalho consolidou a autoridade e o domínio sobre o rei dom José, no período que se seguiu ao terremoto até a morte do monarca, em 1777, o ministro interferiu em praticamente todas as facetas da vida de Portugal. Nos primeiros anos depois do desastre, Carvalho ocupou-se quase totalmente com os planos para a reconstrução de Lisboa, mas depois que ele domou os nobres com o espetáculo da conspiração dos Távora e usou da força para tirar de cena os jesuítas, estava quase livre o caminho para uma reforma econômica e social mais ampla. A expulsão da Sociedade de Jesus tinha sido acompanhada pelo oportuno confisco de suas consideráveis propriedades, tanto em Portugal como nas colônias, inclusive terras, escolas e conventos, muitos dos quais foram prontamente vendidos para custear a campanha de reforma.* Poucas das reformas imaginadas, contudo, iriam vingar se o sistema educacional de Portugal não fosse modernizado e estendido às massas. O analfabetismo sempre fora impressionantemente comum, e o país com bastante frequência era obrigado a importar do estrangeiro escriturários, contadores e administradores para fazer o trabalho que deveria estar em mãos nativas. Uma escola de comércio, a Aula do Comércio, foi inaugurada em 1759, e dois anos depois um dos antigos colégios jesuítas em Lisboa foi adaptado como escola para os filhos da nobreza (de natureza maleável). Mas talvez a iniciativa educativa mais ousada do ministro tenha sido a proposta de mais de oitocentas escolas nacionais primárias e secundárias (uma proposta, infelizmente, realizada apenas em parte), que trouxe educação apropriada para a população geral pela primeira vez na história de Portugal.

A Inquisição, que durante séculos tinha controlado a vida intelectual da população, impedindo quaisquer ideias iluministas e barrando aqueles que as comunicavam de fincar pé em Portugal, foi dispensada de seu papel de censora. Pela primeira vez, livros sobre ciência, filosofia e história, muitos deles produzidos pela recém-formada imprensa real, circularam livremente. Um dos livros mais populares

---

* A riqueza acumulada pelos jesuítas era quase incalculável. Somente no Brasil, como observa o historiador David Birmingham em *A Concise History of Portugal* (Uma história concisa de Portugal), "os jesuítas possuíam algumas das fazendas mais ricas e as propriedades urbanas mais caras da América do Sul. Uma delas, no Rio de Janeiro, cobria 40 mil hectares e empregava mil escravos. Eles também eram donos de 17 usinas de açúcar nas zonas de plantação das baixadas".

O ÚLTIMO DIA DO MUNDO 215

a emergir nesse clima intelectual mais tolerante foi *Cartas sobre a Educação da Mocidade*, publicado em 1760 pelo físico e educador cristão-novo António Ribeiro Sanches. O livro, juntamente com o *Verdadeiro Método de Estudar*, de Luís António Verney, fez muito pela disseminação do empirismo e dos benefícios do método científico: "O fim da educação da mocidade não é saírem perfeitos em ciência alguma, é somente abrir-lhes o entendimento, e ficarem com as luzes necessárias para aprender aquela a que se quiserem aplicar."[2] Esse tipo de liberdade pedagógica teria sido inconcebível no antigo sistema educacional dominado pelos jesuítas, que estimava mais a obediência que a curiosidade e a doutrina mais do que a razão. "Deus seja louvado que me chegou ainda ao tempo que os P.P. da Companhia de Jesus já não são mais confessores nem mestres", escreveu Sanches, "porque se conservassem ainda aquela aquisição, tão antiga, nenhuma das verdades que se leram neste papel não poderia ser caracterizada com outro título que de heresia!"[3]

A censura, infelizmente, não chegou nem perto de desaparecer; simplesmente foi assumida pela nova Real Mesa Censória, mais um dos artifícios de Carvalho, que bania todas as obras dos jesuítas ou qualquer coisa que pudesse ser entendida como até mesmo vagamente antimonárquica. Estranhamente, foi apenas em 1772 que os censores por fim chegaram a condenar oficialmente o *Juízo da verdadeira causa do terramoto*, de Gabriel Malagrida. O censor principal, António de Santa Marta Lobo da Cunha, declarou: "Este informe, malicioso, temerário e herético papel, que ainda lido em outros tempos, não faria impressão alguma sensível nos homens verdadeiramente sábios e pios, livres de ilusões e preocupações fanáticas." Mesmo assim, apenas por desencargo de consciência, ele baniu o livro e ordenou que os exemplares existentes fossem queimados, o que sugere que Malagrida, ou antes, suas opiniões incendiárias, ainda eram percebidas como ameaça ao Estado mais de uma década depois de sua execução.

Na Universidade de Coimbra, que Carvalho tinha anteriormente descrito como "... uma universidade onde as teimas, os sofismas e os maus livros fazem grande figura",[4] mudaram-se os estatutos para acabar com o modelo excessivamente escolástico. A matemática e as ciências naturais tornaram-se parte do programa acadêmico e acrescentaram-se ao programa de estudo as obras filosóficas de Montesquieu, Voltaire, os Enciclopedistas, Kant e Locke, entre outros. Para acompanhar o novo espírito de investigação, projetou-se um belo jardim botânico e construiu-se um observatório astronômico. O próprio Carvalho se tornou professor visitante. A universidade seria considerada não uma instituição escolástica isolada, mas, antes, uma extensão pedagógica do Estado, e como tal responderia às necessidades do Estado.

E do que Portugal precisava era de "novos homens", que estivessem livres de preconceitos inveterados e fanatismo religioso, sintonizados com as novas noções de progresso científico, intelectual e social, marcas distintivas da época. Esses novos homens serviriam ao Estado para promover a criação de um Portugal revigorado. Francisco de Lemos, reitor da Universidade de Coimbra e colaborador próximo de Carvalho, deixou clara a simbiose entre Estado e universidade que ele e o ministro esperavam que pudesse apressar a transformação de Portugal em uma nação moderna:

> Não se deve considerar a universidade um corpo isolado, preocupado apenas com seus próprios assuntos, como sucede normalmente, mas um corpo no coração do Estado que, através de seus estudiosos, cria e difunde o esclarecimento da sabedoria

O ÚLTIMO DIA DO MUNDO

para todas as partes da Monarquia, a fim de animar e revitalizar todos os ramos da administração pública e de promover a felicidade do Homem. Quanto mais se analisa essa ideia [...] mais se vê a dependência mútua desses dois corpos e que a Ciência não pode florescer na universidade sem que ao mesmo tempo floresça o Estado, melhorando e aperfeiçoando a si mesmo. Essa compreensão chegou muito tarde a Portugal, mas enfim chegou.[5]

Uma população educada, esclarecida, raciocinava Carvalho, certamente tornaria suas reformas irrevogáveis. Não haveria recuo ao passado sombrio, uma vez que os indivíduos tivessem conhecido a luz libertadora da razão. Esse tipo de fé cega e ilimitada em educação, razão e progresso era típico da época, mas no caso de Portugal os séculos de obscurantismo impostos pela Igreja tornaram tudo mais urgente. "Novos homens" tornou-se o mote e o título de todos aqueles que tinham recebido uma educação liberal e adotado costumes cívicos e uma repulsa pela superstição.

Carvalho era um homem prático, e muitas de suas reformas sociais mais audaciosas foram adotadas acima de tudo como maneiras de estimular a prosperidade econômica. Credita-se a ele com razão, por exemplo, a proibição do tráfico de escravos em Portugal (menos nas colônias – sem isso a bonança brasileira teria entrado em colapso), mas ele era motivado menos pelo humanitarismo nobre de um verdadeiro abolicionista do que pela consciência da evidente necessidade econômica.* Os colonos portugueses que haviam feito fortuna no Brasil voltavam à pátria mãe

---

* A abolição da escravidão no Brasil só aconteceu em 1888, muito depois que a colônia se tornou independente de Portugal.

com seus escravos a reboque, para utilizá-los como empregados domésticos. Essa transferência desprovinha a colônia de mão de obra muito necessária, reduzindo drasticamente a produtividade nas minas e nas fazendas, algo com que Portugal, cada vez mais dependente de suas colônias mais prósperas, dificilmente poderia arcar. De maneira semelhante, Carvalho acabou com a distinção odiosa entre cristãos-velhos e cristãos-novos; a discriminação racial foi declarada ilegal; e todos os súditos portugueses, independentemente de descendência, se tornaram elegíveis para qualquer cargo do Estado.

A discriminação institucional contra os judeus era um problema secular, que tinha custado caro ao país. Depois de sua expulsão no fim do século XV, muitas das famílias judias que tinham preferido o exílio à conversão chegaram a prosperar como artesãos, mercadores e comerciantes – invariavelmente às custas de Portugal – nos Países Baixos, na Inglaterra, no Levante e em outras partes. Os cristãos-novos que tinham se convertido, muitas vezes à força, e ficaram em Portugal, foram sujeitos a toda espécie de perseguição, inclusive pogroms, tributos especiais, exclusão dos cargos públicos e da universidade e discriminação social constante. Para um governante europeu do século XVIII, Carvalho era extraordinariamente livre de preconceito religioso e racial, sobretudo à luz das invectivas furiosas contra protestantes e judeus, que tradicionalmente eram repetidas nos púlpitos portugueses e condicionaram gerações de "bons" católicos na arte da intolerância. Enquanto esteve em Londres, Carvalho procurou ativamente entrar em contato com os judeus portugueses exilados, e o círculo de estrangeirados tinha numerosos cristãos-novos. Embora ele parecesse genuinamente interessado na situação dos judeus, também estava bastante decidido a fazer uso da erudição e do tino comercial deles em proveito de seu novo Portugal. Para Carvalho, justiça social e urgência econômica faziam parte do mesmo grande esquema.

Apesar dos motivos velados do ministro, tanto a abolição da escravatura como o desagravo aos judeus marcaram uma profunda mudança niveladora na sociedade portuguesa. Doravante, todos os súditos do reino – nobres e homens do povo, cristãos e judeus, ex-escravos e senhores – eram iguais perante a lei. A Inquisição deixou de ser um tribunal da Igreja e se tornou uma corte civil. Não se queimavam mais na fogueira heréticos e judaizantes. Mas as chamas estavam longe de serem extintas; apenas as vítimas tinham mudado. Agora os condenados eram, na semântica irrevogável do déspota, inimigos do Estado; e para extirpá-los estabeleceu-se uma força policial cujo chefe era, sem muita surpresa, Carvalho.

Em meados do século XVIII, Portugal dependia inteiramente do Brasil e da Grã-Bretanha para sua saúde econômica. A abundância de ouro e diamantes brasileiros, a prosperidade nefasta do tráfico de escravos e o cultivo bem-sucedido de açúcar, tabaco e outros produtos agrícolas nas fazendas movidas a escravos se juntaram para enfraquecer o espírito empreendedor dos portugueses. Os mercadores portugueses se acostumaram à simples reexportação de produtos agrícolas e matéria-prima para a Europa setentrional, assim obtendo lucros rápidos e fáceis; e o ouro financiava o histórico e crescente déficit no comércio exterior que resultava das importações de grãos, madeira, têxteis e outras mercadorias essenciais a Portugal. Essa dependência absoluta da pátria mãe em relação a suas possessões coloniais para a sobrevivência econômica, sem falar da prosperidade, diminuiu o prestígio de Portugal entre os países mais importantes da Europa. Sem suas colônias, todos sabiam, Portugal seria na melhor das hipóteses uma potência de terceira classe. A condição de Portugal foi descrita com exatidão pelo Chevalier des Courtils, viajante francês que visitou Lisboa logo antes do terremoto: "[Portugal] tem mais características de uma província que de um reino. Pode-se dizer que o rei de Portugal é um potentado das Índias que habita uma terra europeia. Os territórios vastos e ricos sob seu domínio no novo mundo, com Brasil, Rio de Janeiro, a Bahia de Todos os Santos, Goa, Madeira, na África, os Açores, na Europa, fizeram dele um príncipe digno de consideração e colocaram seu país entre as potências marítimas da Europa, se for considerado o valor de suas possessões."[6]

Enquanto isso, a aliança militar com a Grã-Bretanha, tão vital para proteger o país e suas colônias tanto na terra como no mar, tinha um preço alto: uma série de péssimos tratados comerciais converteu Portugal em uma quase colônia econômica da Grã-Bretanha. O tratado de Methuen, de 1703, que ainda estava em vigência depois do desastre de Lisboa, visava a uma redução dos impostos sobre tecidos britânicos em Portugal, em troca de um tratamento semelhante para os vinhos portugueses exportados para a Inglaterra; era um acordo decididamente desigual. Em *The British Merchant* (O comerciante britânico), uma popular apologia ao mercantilismo, publicada em Londres em 1748 por Charles King, o autor observou francamente: "Por esse tratado, nós ganhamos um saldo maior de Portugal que de qualquer outro país." O tratado sufocava de maneira efetiva as indústrias têxteis e associadas em Portugal e encorajava a monocultura do vinho. A sede aparentemente insaciável da Grã-Bretanha pelo vinho do Porto levou os portugueses a se concentrarem quase exclusivamente na venda de vinho

O ÚLTIMO DIA DO MUNDO · 221

e cortiça.* No período de dez anos entre 1678 e 1687, Portugal exportou em média 632 tonéis de vinho por ano; em meados do século XVIII, esse número havia crescido para quase 20 mil tonéis, cuja maior parte se destinava ao mercado britânico.[7] Por conseguinte, Portugal negligenciou cultivos alternativos e o desenvolvimento de novas indústrias que teriam aliviado a dificuldade econômica durante os anos em que o comércio de vinho sofria de excesso de oferta, praga ou seca.

Enquanto isso, os comerciantes britânicos em Portugal tinham praticamente as mesmas liberdades e privilégios concedidos aos nativos. A atitude laissez-faire dos portugueses encorajava os comerciantes ingleses, que aumentavam sua participação na reexportação de matérias-primas do Brasil e de outras partes. Os riscos do comércio do Brasil eram consideráveis, devido aos perigos da travessia do Atlântico, e com frequência levava anos para os comerciantes verem o retorno de seus investimentos em mercadoria e crédito, mas as margens de lucro, que variavam entre 25% e 30% nas cargas transatlânticas, eram incentivo suficiente. Querendo enriquecer rapidamente, muitos comerciantes britânicos e especuladores se transferiram para a liberal "Londres do sul", como eles denominavam a capital portuguesa, e para o Porto, muitas vezes prejudicando os tradicionais comerciantes ingleses que vinham fazendo negócios em Portugal durante gerações. Em 1752, Lorde Tyrawly, ex-embaixador

---

* O vinho do Porto surgiu nos anos 1670, quando um grupo de comerciantes britânicos de espírito empreendedor descobriu que os tradicionais vinhos rudes da região do Douro melhoravam muito com a adição de conhaque. Um vinho assim fortificado ficava mais estável durante seu traslado para a Grã-Bretanha, e o público britânico apreciava esse reforço. Logo o Porto virou mania e as adegas de vinho do Porto se espalharam em clubes, universidades e casas particulares.

britânico em Portugal, visitou a cidade e encontrou a comunidade mercantil britânica muito mudada; os "comerciantes tradicionais, regulares e frugais" tinham perdido terreno para "homens de uma característica muito diferente", ele escreveu. A nova estirpe de comerciantes negociava "mais, ou pelo menos nas mesmas quantidades, em mercadorias francesas, linho hamburguês, milho siciliano e outros produtos de diferentes países, do que em sua própria produção".[8] A presença de ingleses em Lisboa e no Porto era, de fato, tão grande que levou o escritor Arthur William Costigan a escrever: "É uma observação comum aos nativos a de que, com exceção das pessoas em piores condições de vida, não se encontraria ninguém a pé em determinadas horas de calor intenso de todos os dias, a não ser cachorros e ingleses."[9]

Carvalho estava penosamente consciente do domínio britânico nos negócios e no comércio portugueses. Durante seu mandato diplomático em Londres, ele havia obtido algumas vantagens para a pequena comunidade de negociantes portugueses na capital britânica, mas não poderia desfazer as condições do tratado de Methuen devido à aliança militar de Portugal com a Grã-Bretanha, nem limitar o amplo capital com que os poderosos comerciantes britânicos sustentavam seus negócios de comércio exterior e que praticamente garantiam sua supremacia comercial. O único recurso de Portugal era desenvolver suas próprias política mercantilista e campanha de industrialização. Não seria o primeiro esforço desse tipo. Uma iniciativa similar foi adotada no final do século XVII pelo conde de Ericeira, superintendente de fábricas e manufaturas do reino; teve um êxito surpreendente, e uma nascente indústria têxtil tinha começado a operar em Lisboa, Corvilhã, Fundão e Tomar. A descoberta de ouro no Brasil, no entanto, logo afundou aqueles empreendimentos. Desesperado, Ericeira tirou a própria vida.

O ÚLTIMO DIA DO MUNDO   223

Carvalho já havia começado sua campanha industrial alguns anos antes do terremoto. Uma fábrica nacional de pólvora e uma refinaria de açúcar foram estabelecidas em 1751, e uma indústria de seda no ano seguinte. Mas somente após sua consolidação no poder e uma vez que a restauração de Lisboa estava bastante avançada é que o esforço de industrialização começou a sério. Uma recessão global nos anos 1760 fez com que as exportações do Brasil caíssem em quarenta por cento, diminuísse a renda proveniente do ouro e fossem cortadas pela metade as importações britânicas em Portugal, tornando o desenvolvimento de indústrias nacionais ainda mais urgente. A partir de 1766, surgiram por todo o país fábricas financiadas pelo Estado para produzir corda, vidro, cerâmicas, papel, têxteis, chapéus e até mesmo baralhos.

Ao mesmo tempo, Carvalho tentou livrar Portugal gradualmente de sua excessiva dependência dos comerciantes britânicos e de outros países, estabelecendo uma série de monopólios tanto para as exportações coloniais como para as domésticas. Concederam-se às companhias privilegiadas direitos exclusivos de comércio internacional para, entre outros produtos, sardinhas do Algarve, diamantes do Brasil, especiarias asiáticas, produtos da pesca da baleia e vinho do Douro. O objetivo de criar esses monopólios era ter um maior controle da atividade econômica em benefício do Estado e, simultaneamente, alimentar uma dinâmica burguesia comercial para rivalizar com o capital e a influência da nobreza portuguesa e dos comerciantes estrangeiros. Nem todos se beneficiaram de tais monopólios, e houve casos de franca rebelião. Em 1757, o Porto explodiu em cinco dias de insurreição e pilhagem, incitadas por mercadores locais de vinho que estavam sendo sufocados pelo novo monopólio. Carvalho, agindo conforme sua natureza, interpretou o incidente como um ataque ao Estado e reprimiu a revolta com meios brutais; condenaram-se à morte nove de seus instigadores e enviaram-se 78 conspiradores para colônias penais na África ocidental. No país de Carvalho nada podia atrapalhar nem os negócios de comércio e indústria, nem a suprema autoridade do Estado – e enquanto o ministro manteve o firme controle sobre o poder, raramente isso aconteceu.

Em 1769, o rei dom José concedeu a Sebastião José de Carvalho e Melo, conde de Oeiras, o título de marquês de Pombal, pelo qual a História lembraria o ministro. Sua ascensão de fidalgo a grande tinha sido rápida e inaudita, e o caminho até a nobreza fora repleto de inimigos implacáveis, decretos imperiosos e não poucos cadáveres. De forma geral, no entanto, Carvalho merecia a honra. Nenhum ministro português antes dele (ou depois) fizera mais para melhorar as condições do reino e de seus súditos. Quando foi nomeado marquês de Pombal, Carvalho tinha 70 anos de idade. Recentemente, escapara de um atentado contra sua vida (o pretenso assassino, um genovês chamado Giovanni Battista Pele, estava na prisão e acabaria sendo julgado, estranhamente, por atentado "regicida" e sumariamente arrastado e esquartejado) e sobrevivera a seus colaboradores mais confiáveis, inclusive Manuel da Maia, que morrera um ano antes com veneráveis 91 anos; Carlos Mardel, que falecera em 1763; e o marquês de Alegrete, presidente do Senado Municipal. As reformas mais notáveis de Carvalho já faziam parte da história. Ele havia salvado Lisboa, pusera em movimento o esquema de reconstrução da capital, refreara a nobreza, libertara a Coroa da intromissão da Igreja, expulsara os jesuítas, abolira a escravidão, unificara a legislação tributária, reformara o exército, encorajara o comércio, regulara os negócios e criara a imprensa régia. E essas eram apenas as

O ÚLTIMO DIA DO MUNDO 225

iniciativas mais notáveis. Nos anos que se seguiram, ele iria se concentrar em suas reformas educativas, na inauguração de novas indústrias e na preparação de seu filho Paulo para uma carreira de Estado, mas de modo geral seu legado já estava pronto.

Se havia algo que aborrecia o ministro no fim da carreira era o ritmo lento da reconstrução de Lisboa. Todos os principais engenheiros envolvidos no projeto desde o início – Maia, Santos e Mardel – tinham morrido; uma nova geração de engenheiros militares os havia substituído, executando aquilo que seus predecessores tinham concebido. A reconstrução era constantemente prejudicada por proprietários difíceis, escassez de materiais de construção e mão de obra qualificada, e pela escassez de recursos, mas pouco a pouco a nova capital tomava forma. Em 1766, pouco mais de uma década após o terremoto, 59 novos blocos de apartamentos existiam na Baixa, bem como centenas de novas casas em outros bairros da cidade. Em circunstâncias normais, semelhante ritmo de edificação constituiria um verdadeiro *boom* na construção, mas em uma cidade que havia perdido 10 mil prédios no desastre, era uma gota de água no oceano. Visitantes estrangeiros continuavam a descrever as ruas de Lisboa empilhadas de entulho. As favelas em torno da cidade ainda estavam cheias de sobreviventes. Até o rei dom José continuava a morar em Belém, no que era, afinal, a mesma cabana de madeira; de fato, ele estava tão traumatizado pelo terremoto que até o fim de seus dias se recusou a dormir debaixo de qualquer teto de alvenaria.

Na primavera de 1775, chegou o tão esperado momento de inaugurar o reconstruído bairro da Baixa. Na verdade, o momento foi um pouco prematuro; vinte anos depois do terremoto, grandes partes da Baixa ainda estavam em construção, mas a monumental estátua equestre do rei dom José estava pronta, e Carvalho insistiu em usar a cerimônia de descerramento da estátua na nova praça do Comércio como pretexto para uma celebração oficial. O ministro tinha agora 76 anos de idade e dizia-se que sofria de lepra; a perspectiva de morrer antes de a Baixa estar adequadamente concluída causava nele uma angústia compreensível. A reconstrução do centro da cidade – com suas ruas espaçosas e bem-iluminadas, uma arquitetura racional, as modernas instalações sanitárias e o comércio normatizado, esquemático – era a manifestação física de tudo o que Carvalho valorizava. O único elemento que faltava à equação era um símbolo suficientemente imponente da monarquia, e agora ele estava pronto.

O descerramento da estátua equestre e a inauguração da Baixa aconteceram no dia 6 de junho, aniversário de 61 anos do rei. Para dar à inacabada praça do Comércio uma aparência mais perfeita, uma legião de trabalhadores havia preenchido os espaços entre os prédios com fachadas falsas, feitas em madeira e gesso. Toda a praça estava adornada com faixas, bandeiras e lanternas coloridas. A família real assistiu ao espetáculo de uma discreta janela do segundo andar da nova Alfândega, tanto para se proteger da multidão que enchia a praça como em deferência a Carvalho, o incontestável protagonista do renascimento da Baixa. Acompanhando o ministro no palanque estavam magistrados, representantes de corporações de ofício e associações comerciais, príncipes mercantis, o patriarca, alguns dignitários estrangeiros e seu filho Paulo, que já era presidente do Senado Municipal. Houve discursos, e o patriarca disse uma prece. O público mal podia se conter. E então Carvalho puxou a corda para descerrar o monumento. A multidão rugiu, com razão: a enorme estátua equestre de bronze do rei dom José, montada sobre um pedestal altíssimo, era a coisa mais maravilhosa que a maioria dos espectadores já vira. Era um tributo apropriado a um monarca devotado, disseram, um monumento para inspirar veneração, um trabalho do inigualável gênio português.

O escultor, Joaquim Machado de Castro, tinha sido contratado pessoalmente por Carvalho, mas o desenho que serviu de base para a estátua equestre tinha sido feito por Eugénio dos Santos em seu plano original para a Baixa. Santos, por sua vez, parece ter se inspirado inteiramente nos escultores franceses Charles Le Brun e François Girardon, especialmente o último, cuja estátua de bronze de Luís XIV na praça Louis Le Grand, em Paris, era um paradigma no gênero.* O monumento de Machado, no padrão dos rigorosos cânones neoclássicos da época, fazia muitas alusões alegóricas à grandeza e à mitologia dos antigos. Vestindo uma armadura de tipo vagamente romano, uma capa ondulante e um capacete extravagantemente emplumado, o rei montado exibe um aspecto autoritário que não lhe era usual. Na mão direita traz um cetro, o emblema da autoridade real. Que dom José nunca tivesse vestido armadura ou exercido muita autoridade era irrelevante no âmbito desse gênero de obra. Na alegoria, tudo é possível. O cavalo do rei tem erguida a pata dianteira, pisando em serpentes (pecado). Tanto o rei como o cavalo dirigem o olhar para a grande praça e para além da extensão das águas do Tejo. De cada lado da base do pedestal há dois grupos de escultura em pedra talhada. De um lado, uma figura alada de Triunfo conduz um cavalo por cima do corpo esmagado de um

---

* A estátua, infelizmente, foi destruída durante a Revolução Francesa, mas uma pequena maquete do monumento de Girardon ainda pode ser vista no Louvre.

soldado inimigo; do outro, uma figura alada de Fama conduz um elefante por cima da figura pisoteada de um escravo (imagem apropriada para um país que por séculos negociou seres humanos como qualquer outra mercadoria). Na parte da frente do pedestal está o brasão real elaboradamente entalhado, e logo abaixo deste há um medalhão de bronze com um busto de Carvalho em baixo-relevo. O retrato tem pouca semelhança com o ministro, ao menos se comparado com os quadros pintados no mesmo período, mas o que Machado não conseguiu em semelhança ele compensou nos gestos. Carvalho é retratado com um sorriso notavelmente sardônico, como que zombando daqueles que insistiam em que Lisboa nunca poderia ser restaurada.

A cerimônia de descerramento foi seguida de três dias de comemorações desenfreadas, todas deliberadamente orquestradas por Carvalho para obter o efeito máximo. Houve procissões de alegorias enfeitadas com cenas da história portuguesa, espetáculos pirotécnicos, paradas e exercícios militares, uma apresentação de ópera, recitais de poesia em português, francês, italiano, espanhol, latim, grego e hebraico, um baile, um banquete para o povo (onde foram consumidas quatro toneladas e meia de doces) e outro para a corte (onde se serviram os convidados em pratos de porcelana especialmente decorada com imagens do monumento equestre de dom José). Lisboa estava alegre pela primeira vez em décadas, e ninguém mais do que Carvalho. Tudo o que ele arriscara, promovera, decretara e sonhara nos anos tumultuosos desde o terremoto finalmente se materializava nessa celebração coletiva de promessa renovada para uma cidade que, para todos menos um punhado de visionários, estava (literalmente) balançando à beira do túmulo. E era ele, Carvalho, o homem que se fez do nada, ministro todo-poderoso, o conde de Oeiras, o marquês de Pombal, quem fizera tudo isso acontecer. Até seus inimigos mais declarados, e eles eram muitos, admitiram que a transformação de Lisboa tinha sido um feito prodigioso, heroico, que não teria acontecido sem um personagem tão determinado e implacável no comando. Era o melhor momento de Carvalho. Quem, então, pensaria que as festividades iriam marcar o canto do cisne do ministro?

Menos de dois anos depois da celebração, dom José I, "o reformador" estava morto. Quando a notícia chegou a Carvalho, ele correu para o leito de morte do monarca, apenas para ser barrado pelo cardeal de Cunha, seu ex-colaborador, que lhe disse laconicamente que ele não tinha mais o que fazer ali. As palavras foram tão chocantes quanto inevitáveis. A morte de dom José significou a morte política de Carvalho. Por 27 anos o rei tinha sido patrono e protetor do ministro, o único homem que o mantinha no poder e realizava qualquer capricho político dele. Agora Carvalho estava sozinho, desprovido da aura real que era a fonte tanto de sua atuação como de sua impunidade. Maria Francisca, a filha mais velha de dom José, assumiu o trono como dona Maria I (ela foi a primeira soberana de Portugal) e por decreto real demitiu o ministro imediatamente. Tanto dona Maria I como a rainha mãe, dona Mariana Vitória, detestavam Carvalho por seu crescente poder sobre dom José e sua crueldade patente durante as execuções dos Távora e de Malagrida. Ironicamente, o mesmo absolutismo real que Carvalho defendeu tão vigorosamente como propulsor de mudança acabou sendo sua ruína. O ministro, que tinha silenciado, perseguido, exilado e condenado em nome do rei, acabou sendo vítima da prerrogativa real.

A rainha dona Maria iniciou um programa político e social reacionário que ficou conhecido como a Viradeira; e havia poucas dúvidas acerca do que ela estava revertendo, ou seja, a maior parte das reformas que Carvalho tinha promovido incansavelmente durante décadas. Ela começou por libertar oitocentos prisioneiros políticos que Carvalho trancafiara por capricho e convidou dezenas de seus inimigos a voltar do exílio na Espanha, na França e em outras partes. A família Távora foi postumamente reabilitada e restabelecida ao pariato. A libertação e o retorno dos adversários do ex-ministro criaram um bloco de oposição que não demorou a pedir a cabeça de Carvalho. De repente o outrora ministro onipotente parecia ser denegrido por todos, e seus antigos amigos e aliados – comerciantes prósperos, clérigos progressistas, os novos nobres a quem ele conferira títulos e outros espíritos esclarecidos – silenciaram de maneira conspícua. Ele se tornou assunto de sátiras. "A Quixotada", poema amplamente lido de autoria de Nicolau Tolentino de Almeida, zombava com gosto da queda do "triste marquês": "Armas em ouro gravadas / Ser-te-ão por mim erigidas, / E por ti mesmo traçadas, / Em sangue humano tingidas, / E com mil leis penduradas."[10]

Mais de vinte anos haviam se passado desde o terremoto, e a lembrança da audácia e determinação com que Carvalho, o Reformador, tinha confrontado o desastre ficou cada vez mais apagada na consciência do público. Deu-se início a uma enxurrada de ações civis contra o ministro; sua família foi perseguida; sua casa, cercada por manifestantes; e em uma degola simbólica, um grupo de vândalos arrancou o medalhão de bronze que trazia a efígie de Carvalho do pedestal do monumento equestre do rei dom José na praça do Comércio. Os protestos do público se fizeram tão estridentes que a rainha dona Maria finalmente decidiu que Carvalho merecia um julgamento exemplar. Ele foi preso, submetido a dois anos de

O ÚLTIMO DIA DO MUNDO   231

investigação e considerado culpado pelos crimes de abuso de poder, fraude e corrupção. Carvalho se defendeu de todas as acusações, mas uma condenação e o ostracismo já estavam decididos. Em 1781, ele foi exilado em sua casa de campo em Pombal, ao sul de Coimbra – a rainha o havia considerado velho e doente demais para ser executado –, e proibido de chegar a menos de vinte léguas da corte. Era uma humilhação devastadora, certamente, mas não injustificável, e muito mais humana que a justiça severa que Carvalho impusera a seus inimigos.

Em seus últimos anos de vida, Carvalho assistiu com desprezo à revogação de muitas de suas reformas. Restaurou-se a influência da Igreja e dos velhos nobres; aboliram-se muitos monopólios; e expurgaram-se oficiais e administradores públicos sabidamente simpáticos às políticas do ex-ministro. Em 1782, Sebastião José de Carvalho e Melo, o marquês de Pombal, morreu, como já o fizeram muitos déspotas, enquanto dormia. Foi enterrado no Convento de Santo António, em Pombal, onde o bispo de Coimbra, Francisco de Lemos, amigo de longa data, presidiu seu funeral. O panegírico foi lido por Joaquim de Santa Clara, famoso orador beneditino.

Dos 27 anos de domínio de Carvalho em Portugal surge uma série de implicações morais conflitantes. Ao fazer um balanço, não se encontra um único e inequívoco retrato do ministro, mas antes dois, completamente divergentes. Em sua esclarecedora biografia de Carvalho, *Marquês de Pombal: Paradoxo do Iluminismo*, Kenneth Maxwell explica a dualidade sem adornos: "Para alguns, Pombal, que praticamente governou Portugal entre 1750 e 1777, é uma grande figura de absolutismo esclarecido, comparável a Catarina II da Rússia, Frederico II da Prússia e José II na monarquia austríaca; para outros, não é mais do que um filósofo incompetente e um tirano completo." Com relação a Carvalho parece não haver meio termo. Ele era, dependendo do ponto de vista político, classe social, convicção religiosa ou situação econômica do observador, um salvador ou ditador, homem de Estado ou oportunista, visionário ou "filósofo incompetente". Curiosamente, há evidência suficiente para sustentar qualquer um desses epítetos. Não há dúvida de que o domínio de Carvalho sobre Portugal era uma tirania mal disfarçada, acompanhada de espiões, polícia secreta, censura, prisão arbitrária sem acusações, prisões abarrotadas e uma população tragicamente silenciosa, que optou por ignorar os abusos do governo. Qualquer um podia ser detido, torturado, aprisionado, condenado à morte ou exilado; não apenas os oponentes declarados de Carvalho, mas críticos tímidos também. Nada havia de benevolente no despotismo do ministro; de fato, as perseguições de Carvalho, em certa medida, com frequência pareciam perversamente gratuitas, como se estivesse em jogo algo mais do que uma administração inflexível do Estado. Já se insinuou que o rei dom José era o responsável pelo sadismo pronunciado das execuções dos Távora e que Carvalho estava apenas cumprindo a vontade do rei; seguir ordens, contudo, não fornece uma justificativa moral, como deixou muito claro a história das tiranias no século XX. De qualquer forma, ele não tinha nenhum álibi régio para o assassinato de Gabriel Malagrida. O ex-missionário pode muito bem ter sido um inimigo declarado do ministro, talvez mesmo um conspirador, mas na época de sua execução Malagrida estava velho, frágil e, segundo todos os relatos, completamente louco. Carvalho nada tinha a ganhar com esse assassinato, além da notoriedade, como sugeriu o historiador Paul Hazard: "Dir-se-ia que o Conde d'Oyeras [sic] precisava das chamas desse *auto de fé* para proclamar à Europa seu triunfo."[11]

O ÚLTIMO DIA DO MUNDO

Todavia, as realizações de Carvalho foram ao menos tão impressionantes quanto foram flagrantes seus pecados. A abolição da escravatura, a eliminação da distinção entre cristãos-velhos e cristãos-novos, a elegibilidade de todos os portugueses para cargos do governo e a igualdade perante a lei eram mudanças significativas e urgentes para um país envolto em costumes e regras sociais medievais. Sua promoção da indústria e da educação não era menos notável. A única ambição de Carvalho era transformar Portugal em um Estado moderno; o fato de, paradoxalmente, ele "querer civilizar a nação e ao mesmo tempo escravizá-la", como declarou corretamente seu contemporâneo António Ribeiro dos Santos, levou a sua inevitável ruína. Ainda assim, é difícil imaginar o que teria sido da arruinada Lisboa e, é claro, de Portugal como um todo, se Carvalho não tivesse agido com tanta bravura e firmeza no Dia de Todos os Santos de 1755 e durante toda a crise que se seguiu ao terremoto. Parece que o desastre veio a calhar para ele. Foi o ponto alto de sua vida pública e aquele pelo qual a história merecidamente o lembra. "Atualmente, a palavra gênio é utilizada facilmente e perdeu muito de seu poder", escreveu Marcus Cheke, outro dos biógrafos de Carvalho. "Mas a vitalidade quase sobre-humana mostrada por Pombal na época do terremoto pode com justiça designá-lo como um gênio no verdadeiro sentido da palavra. Sua conduta durante a crise ficou gravada de maneira indelével na mente de seus compatriotas."[12] Mas não indelével o bastante, parece, para encobrir suas múltiplas transgressões.

A reabilitação de Carvalho não tardou – e não é de admirar. Depois da morte do ministro, o país foi sujeito a uma série de adversidades que durou décadas. Dona Maria I, cujo fanatismo religioso era extremo até mesmo para Portugal, logo enlouqueceu completamente, mas não antes de entregar o país às mãos dos clérigos, em grande parte.* Em 1799, ela foi sucedida pelo seu filho João, na qualidade de regente: ele tinha a tarefa impossível de aderir ao absolutismo em uma época em que a Revolução Francesa havia incendiado as ilusões e os medos de todo o continente. A invasão de Portugal pelas tropas napoleônicas, em 1807, levou a família real e a corte a fugir de maneira ignóbil para o Brasil, onde permaneceram confortavelmente até 1821. Os portugueses, como sempre auxiliados pela Inglaterra, finalmente expulsaram os franceses, mas o país tinha sido devastado pela guerra. Sofreu uma fome generalizada, rebeliões militares periódicas e uma comoção política que pôs em guerra os constitucionalistas revolucionários, inspirados pelas revoluções americana e francesa, contra absolutistas reacionários, sustentados pela Igreja e pela antiga nobreza. E então, em 1822, veio o golpe de todos os golpes: o Brasil, a joia da coroa portuguesa e a longamente explorada terra de leite e mel, da qual Portugal dependia para sua sobrevivência econômica, declarou sua independência. Nos anos 1830, Portugal estava economicamente estagnado, isolado e sufocado por uma guerra civil prolongada. Naturalmente, a nostalgia em relação à mão firme do marquês de Pombal aumentou na proporção direta ao caos generalizado.

O primeiro sinal da restauração póstuma de Carvalho veio em 1833, quando um decreto real ordenou que seu medalhão fosse devolvido ao lugar apropriado no pedestal do monumento equestre de dom José na praça do Comércio. Mas foi o rei dom Pedro V (1837-1861), monarca de vida breve, porém esclarecido, que se encarregou da reabilitação

---

* Quando o escritor britânico William Beckford visitou Portugal em 1786, ouviu do príncipe João, filho da rainha, que "o reino pertencia aos monges".

formal de Carvalho em 1856, trazendo os restos mortais do ex-ministro da longínqua Pombal para Lisboa, onde foram enterrados com pompa extraordinária na Igreja das Mercês. Finalmente, a transição de ministro reabilitado para heroico homem de Estado veio em 1934, quando António de Oliveira Salazar, o chefe da ditadura do Estado Novo, que não se opunha às formas despóticas de governar, inaugurou o colossal monumento a Pombal erigido no topo da avenida da Liberdade, em Lisboa. A estátua de bronze de Carvalho coroa um pedestal bastante imponente; o ministro está de pé com a mão esquerda na efígie de um leão – símbolo do poder – que monta guarda a seu lado. Não há nenhuma ambiguidade. Mas o olhar de Carvalho é muito significativo; contempla a Baixa, cuja reconstrução talvez tenha sido seu maior feito. A chamada Baixa Pombalina é um legado trabalhado em pedra, uma homenagem suprema de ruas amplas e ordenadas, arquitetura racional e luz abundante. De um ponto de vista estético, o planejamento urbano tem sobrevivido ao tempo admiravelmente bem e ainda marca o centro da capital. Sem Carvalho, a Baixa não existiria, e muito provavelmente tampouco Lisboa como capital. O desastre do Dia de Todos os Santos, apesar de toda sua destruição humana e material, fez de Sebastião José de Carvalho e Melo o Grande Marquês, o Reformador, e é assim que ele é lembrado hoje em dia, embora tenha morrido derrotado e na desgraça.

EPÍLOGO

[O terremoto], mais do que um cataclismo da natureza, foi uma revolução moral.

– Joaquim Pedro de Oliveira Martins,
História de Portugal, 1880.

O dia 1º de novembro de 2005, Dia de Todos os Santos, amanheceu fresco e sem nuvens, como 250 anos antes. Havia mesmo uma leve brisa que soprava do nordeste. Era uma segunda-feira e muitos dos moradores tinham aproveitado o feriado para fugir para o campo. Lisboa estava supreendentemente tranquila, quase uma cidade-fantasma; e então, precisamente às nove e meia da manhã, o instante em que os abalos começaram séculos antes, os sinos das igrejas badalaram todos ao mesmo tempo em lembrança da tragédia, e a cidade foi inundada por repiques discordantes. Esse rito anual de rememoração é também um sinal de continuidade, um lembrete do horror que quase aniquilou Lisboa mas também da sobrevivência da cidade contra todas as expectativas. Para os lisboetas, o Dia de Todos os Santos é uma comemoração ao mesmo tempo de cataclismo e renovação.

Celebrar aniversários é uma forma de manter vivas a história e a memória coletiva, e o 250º aniversário do terremoto de Lisboa era um marco muito sugestivo. A cidade sediava uma conferência internacional de sismologia, e muitos de seus participantes consideravam a viagem a Lisboa quase uma peregrinação ao lugar onde nasceu essa disciplina. Houve conferências públicas muito concorridas sobre o terremoto e suas consequências, uma exposição no Museu de Arte Antiga dedicada a imagens do desastre e visitas guiadas ao Mosteiro do Carmo, que ainda conserva as ruínas causadas pelo incêndio. Os jornais portugueses estavam cheios de suplementos reluzentes sobre o terremoto e a televisão local transmitiu uma série de documentários relevantes. Faltavam apenas, graças a Deus, alguns tremores.

O terremoto de Lisboa marcou o mundo ocidental tanto por causa da severidade da perda material e humana como da época histórica e do lugar em que a calamidade ocorreu. Os sismólogos modernos estimam que a magnitude do terremoto foi de aproximadamente M = 9 (escala de Mercalli), ou seja, catastrófica. O epicentro do terremoto estava localizado a sudoeste de Lisboa, a aproximadamente 67 quilômetros da costa. Ao todo, entre 15 e 60 mil pessoas perderam a vida em Lisboa em razão do terremoto e dos tsunamis e incêndios que se seguiram; dezenas de milhares morreram em outras partes. Por mais devastador que tenha sido o desastre, contudo, as ondas de choque que o terremoto causou na opinião pública se deveram, em grande parte, a umas poucas particularidades do acaso. No registro da memória, um desastre natural de tais proporções jamais tinha atingido a Europa, muito menos uma capital cosmopolita e um porto movimentado; na consciência europeia, Lisboa simplesmente não era a distante Lima, no Peru, nem a periférica Porto Príncipe, no Haiti. Embora o desastre tenha atingido grandes partes de Portugal, o sul da Espanha e o norte da África, a história, que é por natureza seletiva, passou a considerar o evento o Grande Terremoto de Lisboa. O momento também estava carregado de significado. O desastre sísmico aconteceu às nove e meia da manhã, precisamente quando as igrejas de Lisboa estavam lotadas de fiéis em meio a suas devoções em uma das festas mais solenes do calendário litúrgico, o Dia de Todos os Santos. Se o terror tivesse acontecido um dia antes ou uma semana

O ÚLTIMO DIA DO MUNDO 241

depois, a calamidade provavelmente não teria dado origem a um debate filosófico e teológico tão profundo.

Os desastres naturais revelam muito. Pela maneira como uma sociedade interpreta uma catástrofe e responde ao caos expõem-se muitas das verdades não questionadas, os preconceitos, as esperanças e os medos de uma cultura repentina e inexplicavelmente confrontada com a ruína. No caso de Lisboa, o desastre revelou uma sociedade portuguesa ainda firmemente arraigada nas antigas verdades absolutas de Deus, Homem e Natureza. Que o terremoto de Lisboa tenha abalado a ressonância dessas verdades arraigadas foi um dos resultados positivos que surgiram das ruínas. O impacto no otimismo da Era do Iluminismo também foi igualmente devastador. Se Lisboa não tivesse sido arruinada, é impossível dizer se e quando uma tragédia parecida teria incitado um Voltaire a questionar a noção de que vivemos no melhor de todos os mundos possíveis. Depois de Lisboa, aquele mundo parecia repentina e irrevogavelmente transformado – Deus cessara de ser justo e a Natureza, de ser beneficente –, e todos, de clérigos firmes a filósofos esclarecidos, eram compelidos a reexaminar seus dogmas mais caros. A especulação e o debate resultantes deixaram a humanidade ligeiramente mais sábia. "A Europa se juntou como uma grande família, unida por suas diferenças. As novas calamidades da Europa parecem ter sido previstas pelos terremotos sentidos em diferentes partes de seu território e tão terrivelmente em Lisboa, mais do que em qualquer outra parte", escreveu Voltaire.[1] Quanto à reação oficial ao caos, a resposta habilidosa do governo, conduzida por Carvalho, era uma tentativa inicial de administração de desastre e, vista a escala de morte e destruição, a iniciativa foi excepcionalmente eficiente e perspicaz. A velocidade com que as vítimas foram enterradas e os sobreviventes, alimentados, foi louvável; as medidas contra os saques e o mercado negro foram eficazes; e a reconstrução do bairro da Baixa, embora demorada, deu a Lisboa um planejamento urbano visionário que, passados dois séculos, nada perdeu em termos de praticidade e força estética.

Será então que o mundo tem algo a aprender com o legado de Lisboa? Em 1755, as notícias do terremoto levaram semanas para viajar, de carruagem, pela Europa. Hoje somos bombardeados com notícias e imagens de desastres naturais praticamente em tempo real, e o inventário de catástrofes é horrível. Em poucos anos, vimos deslizamentos de terra no Quirguistão, terremotos no Irã e no Paquistão, enchentes na Macedônia, queda de barreiras na Nicarágua, praga de gafanhoto na África ocidental, um tufão no Japão, seca na Bolívia, um tsunami no sul da Ásia e um furacão em Nova Orleans. Em muitos casos esses desastres naturais geraram um imenso fluxo de recursos, ajuda material e boa vontade – por parte de governos e de milhões de doadores individuais, igrejas e grupos cívicos e de agências não governamentais – que demonstra uma profunda necessidade humana de se envolver quando o desastre acontece, como se alguma coisa na nossa psique coletiva nos dissesse que, quem sabe, nós mesmos poderíamos ser os próximos. Já foi dito, corretamente, que as "silenciosas" calamidades da fome e da doença matam mais pobres no mundo do que qualquer tsunami ou furacão; mas permanece o fato de que os espetáculos dramáticos que a natureza desencadeia nos dominam de uma maneira particularmente sensória. O impulso pode ser moralmente questionável, mas isso não o torna menos real. Varia o grau de competência oficial para confrontar desastres contemporâneos, mas muitos chefes de Estado poderiam aprender bastante com a capacidade de decisão e a determinação de um Carvalho. De maneira

O ÚLTIMO DIA DO MUNDO   243

geral, as nações tecnologicamente avançadas tendem a se sair melhor em face de desastres naturais, mas nem sempre. O oceano Pacífico, por exemplo, está equipado com um sistema de alerta prévio contra tsunamis, enquanto o oceano Índico, margeado em grande parte por nações pobres, carece de um, o que contribuiu para a mortandade alarmantemente alta causada pelo tsunami que atingiu o sul da Ásia em 2004. Mas como o furacão Katrina deixou tragicamente claro, mesmo as sociedades mais avançadas entram em colapso quando ocorre um desastre natural, no caso de uma falta escandalosa de liderança, um colapso da autoridade e uma incapacidade generalizada de vencer o desafio. Comparado com Nova Orleans, o desempenho de Lisboa durante o desastre parece ser decididamente exemplar.

Séculos se passaram desde o Grande Terremoto de Lisboa, e o mundo já passou por revoluções científicas, industriais e tecnológicas, mas a humanidade nunca conseguiu excluir completamente Deus do palco dos desastres naturais. Em uma entrevista à TV Al-Majd, um conselheiro do ministro da Justiça da Arábia Saudita explicou assim a destruição causada pelo tsunami na Ásia: "Quem quer que leia o Corão, outorgado pelo Criador do Mundo, pode ver como estas nações foram destruídas. Há uma razão: elas mentiram, pecaram e são infiéis. Quem quer que estude o Corão pode ver que esse é o resultado."[2] E a noção antiga de um Deus furioso não está limitada exclusivamente ao mundo islâmico. O reverendíssimo Philip M. Hannan, arcebispo aposentado de Nova Orleans, foi inequívoco ao se pronunciar logo após a passagem do Katrina: "Como cidadãos, somos responsáveis pela atitude sexual, pelo desrespeito aos direitos da família, pelo vício das drogas, pelo assassinato de 45 milhões de futuras crianças, pelo comportamento escandaloso de alguns padres – então temos de entender que certamente o Senhor tem direito de aplicar um castigo [...] Chegamos a um grau de imoralidade que nunca antes atingimos. E o castigo veio na forma do Katrina, tanto quanto do Rita."[3] Essas exegeses morais aplicadas a acontecimentos naturais são assustadoramente reminiscentes de Malagrida, Wesley e dezenas de outros pregadores de um passado que muitos imaginam que tenha deixado de existir. Talvez nossa visão de progresso tenha se tornado extremamente panglossiana. Se Lisboa de fato oferece uma lição para os desastres que hoje enfrentamos, é a de que o homem está no centro de nossa resposta ao desastre natural, e não a providência, a metafísica ou a ira de um Deus vivo.

NOTAS

UM: O DIA DE TODOS OS SANTOS

1 John, Wesley, *Serious Thoughts Occasioned by the Great Earthquake at Lisbon* (Londres, 1755).

2 Anônimo, *Description de la Ville de Lisbonne* (Paris: Pierre Prault, 1730).

3 Rev. George Whitefield, *Works of the Reverend George Whitefield* (Londres: E. and C. Dilly, 1771).

4 Anônimo, *An Account by an Eyewitness of the Lisbon Earthquake of November 1, 1755* (Lisboa: British Historical Society of Portugal, 1985), 24.

5 *Gentleman's Magazine* [Londres], 83 (Fevereiro de 1813), 105-106.

6 Ibid., 107.

7 Anônimo, *Account by an Eyewitness*, 10.

8 Ibid., 11.

9 Caetano Beirão, "Descrição Inédita do Terramoto de 1755 como o Viu e Viveu a Rainha D. Maria Victória", *Artes & Colecções* I, nº 1 (Junho de 1947), 3-4.

DOIS: ORDEM A PARTIR DO CAOS

1 Luís da Cunha, *Testamento Político ou Carta Escrita pelo Grande D. Luís da Cunha ao Senhor Rei D. José I* (Lisboa: Na Impressão Régia, 1820).

246 NOTAS

2 "A Particular Account of the Late, Dreadful Earthquake at Lisbon: With the Damage Sustained by the Fatal Accident. In a Letter from a Gentleman of Undoubted Veracity Residing in Lisbon, to a Merchant in London, who Publishes this Early Account from a Principle of Benevolence, to Satisfy the Curiosity of the Public", in Judite Nozes, trad., *The Lisbon Earthquake of 1755: British Accounts* (Lisboa: The British Historical Society of Portugal, 1990).

3 J. J. Moreira de Mendonça, *História universal dos terramotos... com uma narraçam individual do terramoto do primeiro de Novembro de 1755* (Lisboa: Oficina de António Vicente da Silva, 1758), 145.

4 O arquivo original pode ser encontrado em "State Papers, Portugal", Public Record Office, Londres.

5 Mendonça, *História Universal*, 143.

6 Abraham Castres, carta na *Gentleman's Magazine* 25 (Dezembro de 1755), 559.

7 F. L. Pereira de Sousa, *O terremoto do 1º de Novembro de 1755, e um estudo demográfico* (Lisboa: Serviços Geológicos de Portugal, 1932).

8 T. D. Kendrick, *The Lisbon Earthquake* (Filadélfia: Lippincott, 1956), 41.

9 Sousa, *O Terremoto*, apêndice.

10 Ibid., 92.

11 C. R. Boxer, "Some Contemporary Reactions to the Lisbon Earthquake of 1755" (Lisboa: Revista da Faculdade de Letras, 1956), 11.

12 Ibid., 14.

13 Ibid.

TRÊS: FAZENDO O INVENTÁRIO

1 F. L. Pereira de Sousa, *O terremoto do 1º de Novembro de 1755, e um estudo demográfico* (Lisboa: Serviços Geológicos de Portugal, 1932), 694.

2 Abraham Castres, carta na *Gentleman's Magazine* 25 (Dezembro de 1755), 559.

3 *Gentleman's Magazine* 83 (Fevereiro de 1813), 105.

4 Castres, na *Gentleman's Magazine*, 559.

5 *Gentleman's Magazine* 83 (Fevereiro 1813), 106.

6 Anônimo, *Account by an Eyewitness*, 12.

O ÚLTIMO DIA DO MUNDO   247

QUATRO: ALIS UBBO... OLISIPO... AL-USHBUNA... LISBOA

1   Osbernus, *De expugnatione Lyxbonensi*, trad. C. W. David como *The Conquest of Lisbon* (Nova York: Columbia University Press, 2001), 111.
2   Ibid., 117.
3   Ibid., 123.
4   Ibid., 131.
5   Alvise da Cadamosto, "Description of Capo Bianco and The Islands Nearest to It", em G. H. Parry, *European Reconnaissance: Selected Documents* (Nova York: Walker, 1968), 60-61.

CINCO: UMA IDADE DE OURO, POR ASSIM DIZER

1   John Foxe, *Book of Martyrs* (Londres: John Day, 1563).
2   Rev. John W. Dowling, *The History of Romanism: From the Earliest Corruptions of Christianity* (Nova York: E. Walker's Son, 1881), 21.
3   Stefan Zweig, *The Right to Heresy: Castellio against Calvin* (Nova York: Viking Press, 1936), 221-225.
4   No original deste livro, as citações da obra *Cândido* de Voltaire foram tiradas do *World Masterpieces, Vol. 2, Literature of Western Culture Through the Renaissance* (Nova York: Norton, 1956), 1.312.
5   Sebastião José de Carvalho e Melo, *Discurso político sobre as vantagens que o Reino de Portugal pode alcançar da sua desgraça por ocasião do memorável terremoto de 1º de novembro de 1755* (Lisboa: Fundação Biblioteca Nacional, Área de Manuscritos, I, 12, 1, #14), 1-2.

SEIS: O PASTOR E O FILÓSOFO

1   Johann Wolfgang von Goethe, *Aus meinem Leben: Dichtung und Wahrheit*, trad. Robert R. Heitner como *From My Life: Poetry and Truth* (Princeton: Princeton University Press, 1994), pt. 1.
2   Hester Lynch Piozzi, *Anecdotes of the Late Samuel Johnson, L.L.D.* (Londres, 1786).
3   Goethe, *From My Life*.
4   S. G. Tallentyre, *Voltaire in his Letters, being a Selection of his Correspondence* (Nova York: G. P. Putnam's Sons, 1919).

248 NOTAS

5 *Voltaire: Contos e Novelas* (São Paulo: Editora Globo, Coleção Clássicos Globo, 2005).

6 Russell R. Dynes, *The Dialogue Between Voltaire and Rousseau on the Lisbon Earthquake: The Emergence of a Social Science View* (inédito).

7 *The Collected Writings of Rousseau*, ed. Roger D. Masters e Christopher Kelly (Hanover, N.H.: University Press of New England, 1990), vol. 3, 110.

8 *Voltaire: Contos e Novelas* (São Paulo: Editora Globo, Coleção Clássicos Globo, 2005).

9 Ibid.

10 Ibid.

11 Ibid.

12 Frei Gabriel Malagrida, *Juízo da verdadeira causa do terramoto* (Lisboa, 1756).

13 *Gentleman's Magazine* 83 (Fevereiro 1813), 105-106.

14 John Wesley, *Serious Thoughts Occasioned by the Great Earthquake at Lisbon* (Londres, 1755).

15 John Wesley, *Hymns Occasioned by the Earthquake, March 8, 1750. To which is added An Hymn upon the Pouring of the Seventh Vial. Occasioned by the Destruction of Lisbon* (Bristol, 1756).

16 T. D. Kendrick, *The Lisbon Earthquake* (Filadélfia: Lippincott, 1956), 161.

17 F. de Haes, *Het verheerlykte en vernederde Portugal*, citado em Theo D'haen, "On how not to be Lisbon if you want to be modern – Dutch reactions to the Lisbon earthquake", *European Review* 14, nº 3 (2006), 352-353.

18 Benito Jeronimo Feijoo y Montenegro, *Nuevo systhema sobre la causa physica de los terremotos, explicado por los phenomenos eléctricos y adaptado al que padeció España en primero de Noviembre del año antecedente de 1755* (Puerto Santa Maria: Casa Real de las Cadenas, 1756).

19 John Rogers, "The Terribility, and the Moral Philosophy of Earthquakes", in *Three Sermons on Different Subjects and Occasions* (Boston: Edes and Gill, 1756), 48.

20 Ibid., 51.

21 Ibid., 47.

22 Ibid., 58.

23 Kendrick, *Lisbon Earthquake*, 73.

24 F. Aguilar Piñal, *Conmoción espiritual provocada en Sevilla por el terremoto de 1755* (Sevilha: Archivos Hispalenses, 1973).

25 Wesley, *Serious Thoughts*.

O ÚLTIMO DIA DO MUNDO   249

SETE: COMO UMA FÊNIX RENASCENDO DAS CINZAS

1   Anônimo, *An Account by an Eyewitness of the Lisbon Earthquake of November 1, 1755* (Lisboa: The British Historical Society of Portugal, 1985).
2   José Augusto França, *Lisboa Pombalina e o Iluminismo* (Lisboa: Bertrand Editora, 1983), 311.
3   Ibid., 327.
4   *Lettere famigliari di Giuseppe Baretti a' suoi tre fratelli tornado da Londra in Italia nel 1760* (Turim: M. Guigoni, 1857), 104-105.
5   Ibid., 109.

OITO: ILUMINISMO A QUALQUER CUSTO

1   Malagrida citado em H. V. Livermore, *A New History of Portugal* (Nova York: Cambridge University Press, 1995), 227-228.
2   António Nunes Ribeiro Sanches, *Cartas sobre a Educação da Mocidade* (Porto: Domingos Barreira, s.d.), 25.
3   António Nunes Ribeiro Sanches, *Obras* (Coimbra, 1959), 223.
4   J. V. Serrão, *O Marquês de Pombal, O Homem, o Diplomata, e o Estadista* (Lisboa: Câmara Municipal de Lisboa, 1987), 22.
5   Francisco de Lemos, *Relação Geral do Estado da Universidad, 1772*, citado em Kenneth Maxwell, Marquês de Pombal: Paradoxo do Iluminismo. São Paulo: Pay e Terra, 1997.
6   Chevalier des Courtils, citado em Maxwell, *Pombal*, 48.
7   António Henriques de Oliveira Marques, *History of Portugal* (Nova York: Columbia University Press, 1972), I:385.
8   Lord Tyrawly, citado em Maxwell, *Pombal*, 48.
9   Arthur William Costigan, *Sketches of Society and Manners in Portugal* (Londres, 1787), 2:29.
10   Nicolau Tolentino de Almeida, *Obras Completas* (Lisboa: Editores Castro, Irmão & Co., 1861), 274.
11   Paul Hazard, *European Thought in the Eighteenth Century from Montesquieu to Lessing* (New Haven, Conn.: Yale University Press, 1954).
12   Marcus Cheke, *Dictator of Portugal: A Life of the Marquis of Pombal, 1699-1782* (Londres: Sidgwick and Jackson, 1938), 72.

EPÍLOGO

1   Voltaire citado em Ana Cristina Araújo, "European Public Opinion and the Lisbon Earthquake", *European Review* 14, nº 3 (2006), 318.

2   *Instituto de Pesquisa de Mídia do Oriente Médio* (MEMRI), Special Dispatch Services, nº 842, 7 de janeiro, 2005.

3   www.spiritdaily.org.

BIBLIOGRAFIA

Há um número grande de correspondências, histórias, sermões, relatos de jornais e diários, bem como fontes literárias, científicas e filosóficas relativas ao Grande Terremoto de Lisboa. O desastre teve um impacto excepcionalmente amplo, afetando debates teológicos e filosóficos, a especulação sismológica, a arquitetura e o planejamento urbano, o comércio internacional e atitudes políticas e sociais. Por conseguinte, a lista de fontes e material de pesquisa é decididamente extensa. Trabalhei tanto com textos em português como em inglês; estes últimos são especialmente abundantes, devido às ligações seculares entre a Inglaterra e Portugal; à grande e bem-estabelecida comunidade inglesa em Lisboa na época da catástrofe, cujos membros testemunharam a destruição e cujos depoimentos compreendem um registro histórico singular; e aos esforços de uma geração de historiadores britânicos, inclusive Charles Ralph Boxer, David Birmingham, Kenneth Maxwell e H. V. Livermore, entre outros, que muito fizeram para trazer à tona a fascinante embora relativamente obscura história da Portugal diminuta para um público de anglófonos.

O TERREMOTO: HISTÓRIAS E TESTEMUNHOS, CORRESPONDÊNCIA E DECRETOS

Anônimo. *An Account of the Late Dreadful Earthquake and Fire which destroyed the city of Lisbon, The Metropolis of Portugal. In a Letter from a Merchant Resident there, to his Friend in England.* Londres: J. Payne, 1755.

252 BIBLIOGRAFIA

Beirão, C. "Descrição Inédita do Terramoto de 1755 como o Viu e Viveu a Rainha D. Maria Victória", *Artes & Coleções* 1, nº 1 (junho de 1947).

Boxer, C. R. *Some Contemporary Reactions to the Lisbon Earthquake of 1755.* Lisboa: Revista da Faculdade de Letras, 1956.

Castres, A., T. Chase, e autores anônimos. "Letters", *The Gentleman's Magazine* [Londres] (dezembro de 1755 e fevereiro, março, abril de 1813).

Conceição, C. da. *Em que se dá Notícia do Terremoto de 1º de Novembro.* Lisboa: Frenesi, 2005.

Fonseca, J. D. *1755, O Terramoto de Lisboa.* Lisboa: Argumentum, 2004.

Gazeta de Lisboa, 6 de novembro de 1755.

Kendrick, T. D. *The Lisbon Earthquake.* Filadélfia: Lippincott, 1956.

Lisboa, A. P. de. *Memórias das Principais Providências que se Deram no Terremoto que Padeceu a Corte de Lisboa no Ano de 1755.* Lisboa, 1758.

Lodge, R. *The Private Correspondence of Sir Benjamin Keene.* Nova York: Cambridge, 1932.

Moreira de Mendonça, J. J. *História universal dos terramotos que tem havido no mundo, de que há notícia, desde a sua creação até o século presente, com uma narraçam individual do terramoto do primeiro de Novembro de 1755, e notícia verdadeira dos seus effeitos em Lisboa, todo Portugal, Algarves, e mais partes da Europa, África e América, aonde se estendeu...* Lisboa: Oficina de António Vicente da Silva, 1758.

Nozes, Judite, trad. *The Lisbon Earthquake of 1755: British Accounts.* Lisboa: British Historical Society of Portugal, 1990.

Portal, Fr. Manuel. *História da ruína da cidade de Lisboa causada pelo espantoso terramoto e incêndio que reduziu a pó e cinza a melhor e mayor parte desta infeliz cidade.* Lisboa, 1756.

Portugal, F. e A. Matos. *Lisboa em 1758, Memórias Paroquiais de Lisboa.* Lisboa: Publicações Culturais da Câmara Municipal de Lisboa, 1974.

Sousa, F. L. Pereira de. *O terremoto do 1º de novembro de 1755, e um estudo demográfico.* Lisboa: Serviços Geológicos de Portugal, 1932.

HISTÓRIA PORTUGUESA: IMPÉRIO E COMÉRCIO, REIS E MINISTROS, ARCAÍSMO E REFORMA

Anônimo. *Description de La ville de Lisbonne. Descrição da cidade de Lisboa.* Paris: Pierre Prault, 1730.

O ÚLTIMO DIA DO MUNDO   253

Beckford, W. *Italy, with Sketches of Spain and Portugal*. Paris: Baudry's European Library, 1834.

Birmingham, David. *A Concise History of Portugal*. Nova York: Cambridge University Press, 1993.

Boxer, C. R. *The Portuguese Seaborne Empire, 1415-1825*. Londres: Hutchinson, 1969.

_____. *The Church Militant and Iberian Expansion, 1440-1770*. Baltimore: Johns Hopkins University Press, 1978.

Cadamosto, Alvise da. "Description of Capo Bianco and the Islands Nearest to It", em J. H. Parry, *European Reconnaissance: Selected Documents*. Nova York: Walker, 1968.

Carvalho e Melo, Sebastião José de. *Discurso político sobre as vantagens que o Reino de Portugal pode alcançar de sua desgraça por ocasião do memorável terramoto de 1º de novembro de 1755*. Lisboa: Fundação Biblioteca Nacional, seção de manuscritos, I, 12, 1, #14.

Cheke, M. *Dictator of Portugal: A Life of the Marquis of Pombal, 1699-1782*. Londres: Sidgwick and Jackson, 1938.

Costigan, A. W. *Sketches of Society and Manners in Portugal*. Londres, 1787.

Cunha, Luís da. *Testamento político ou carta escrita pelo grande D. Luís da Cunha ao Senhor Rei D. José I*. Lisboa: Na Impressão Régia. 1820.

Fielding, H. *Journal of a Voyage to Lisbon*. Londres, 1755.

Fisher, H. E. S. *The Portugal Trade: A Study of Anglo-Portuguese Commerce, 1700-1777*. Londres: Methuen, 1971.

Hanson, C. A. *Economy and Society in Baroque Portugal, 1668-1703*. Minneapolis: University of Minnesota Press, 1981.

Herculano, A. *História da Origem e Estabelecimento da Inquisição em Portugal*. Lisboa: Imprensa Nacional, 1864

Levenson, J., ed. *The Age of Baroque in Portugal*. New Haven, Conn.: Yale University Press, 1993.

Ley, C. *Portuguese Voyages, 1498-1663*. Londres: Dent, 1953.

Livermore, H. V. *A History of Portugal*. Nova York: Cambridge University Press, 1947.

_____. *Portugal and Brazil: An Introduction*. Nova York: Oxford University Press, 1953.

Macauley, R. *They Went to Portugal*. Londres: Jonathan Cape, 1946.

Macedo, J. Borges de. *Problemas de história da indústria Portuguesa no século XVIII*. Lisboa: Quereco, 1982.

254 BIBLIOGRAFIA

Magalhães Godinho, V. *A estrutura da antiga sociedade Portuguesa*. Lisboa, 1975.

Maxwell, K. *Marquês de Pombal: Paradoxo do Iluminismo*. São Paulo: Pay e Terra, 1997.

Oliveira Marques, A. H. *História de Portugal*. Lisboa: Imprensa Nacional, 1991.

Osberus, *De expugnatione Lyxbonnesi*, trad. por C. W. David como *The Conquest of Lisbon*. Nova York: Columbia University Press, 2001.

Payne, S. G. *A History of Spain and Portugal*. Madison: University of Winsconsin Press, 1973.

Pereira de Figueiredo, A. *De Suprema Regum*. Lisboa, 1765.

Piozzi, H. L. *Anecdotes of the Late Samuel Johnson, L. L. D*. Londres, 1786.

Saraiva, A. J. *Inquisição e Cristãos-Novos*. Porto, 1969.

Serrão, J. V. *O Marquês de Pombal, O Homem, o Diplomata, e o Estadista*. Lisboa: Câmara Municipal de Lisboa, 1987.

_____. ed. *Dicionário de história de Portugal*. Lisboa, 1971.

Shaw, L. M. E. *Trade, Inquisition and the English Nation in Portugal, 1640-1690*. Londres: Carcancet, 1989.

Smith, J. A. [Conde de Carnota]. *Marquis of Pombal*. Londres, 1872.

Wheeler, D. L. *Historical Dictionary of Portugal*. Nova Jersey: Scarecrow Press, 1993.

O DEBATE TEOLÓGICO E FILOSÓFICO: PREGADORES E FILÓSOFOS, A FÚRIA DE DEUS E O FIM DO OTIMISMO

Aguilar Piñal, F. *Conmoción spiritual provocada en Sevilla por el terremoto de 1755*. Archivos Hispalenses, 1973.

Alvares de Silva, J. *Investigação das causas proximas do terremoto, sucedido em Lisboa*. Lisboa, 1756.

Brightman. E. S. "The Lisbon Earthquake: A Study of Religious Valuation". *American Journal of Theology* (1919).

Broome, J. H. *Rousseau, A Study of His Thoughts*. Londres: Edward Arnold, 1963.

Davidson, I. *Voltaire in Exile*. Nova York: Grove Press, 2004.

Dowling, Reverendo J. W. *The History of Romanism: From the Earliest Corruptions of Christianity*. Nova York: E. Walker's Son, 1881.

Dynes, R. R. *The Dialogue Between Voltaire and Rousseau on the Lisbon Earthquake: The Emergence of a Social Science View.* Wilmington: University of Delaware. Inédito.

————. *The Lisbon Earthquake in 1755: Contested Meanings in the First Modern Disaster.* Wilmington: University of Delaware, 1999. Inédito.

Foxe, J. *O Livro dos Mártires.* John Day, 1563, tradução de Almiro Pizzeta, São Paulo: Mundo Cristão, 2005.

Gay, P. *The Enlightenment, an Interpretation.* Nova York: Knopf, 1966.

————. *Voltaire's Politics: The Poet as Realist.* New Haven, Conn.: Yale University Press, 1988

Goethe, J. W. von. *Aus meinem Leber: Dichtung und Wahrheit,* trad. por Robert R. Heitner como *From My Life: Poetry and Truth.* Princeton: Princeton University Press, 1994.

Grimsley, R. *Rousseau's Religious Writings.* Oxford: Clarendon Press, 1968.

Haes, F. de. *Het verheerlykte en vernederde Portugal,* citado em Theo D'haen, "On how not to be Lisbon if you want to be modern – Dutch reactions to the Lisbon earthquake", *European Review,* 14, nº 3 (2006), 352-53.

Hazard, P. *European Thought in the Eighteenth Century from Montesquieu to Lessing.* New Haven, Conn.: Yale University Press, 1954.

Leibnitz, G. W. von. *The Philosophical Works of Leibnitz,* trad. para o inglês George M. Duncan. New Haven, Conn.: Tuttle, Morehouse and Taylor, 1890.

Mack, M., ed. *Alexander Pope: An Essay on Man.* Londres: Routledge, 1993.

Malagrida, G. *Juízo da verdadeira causa do terramoto.* Lisboa, 1756.

Mason, H. *Candide, Optimism Demolished.* Nova York: Twayne Publishers, 1992.

Masters, R. D. e C. Kelly, eds. *The Collected Writings of Rousseau,* vol. 3. Hanover, N. H.: University Press of New England, 1990.

Piñal, F. Aguilar. *Conmoción espiritual provocada en Sevilla por el terremoto de 1755.* Sevilha: Archivos Hispalenses, 1973.

Piozzi, H. L. *Anecdotes of the Late Samuel Johnson, L. L. D.* Londres, 1786.

Redman, B. R., ed. *The Portable Voltaire.* Nova York: Viking Press, 1949.

256   BIBLIOGRAFIA

Rogers, J. "The Terribility, and the Moral Philosophy of Earthquakes", in *Three Sermons on Different Subjects and Occasions*. Boston: Edes and Gill, 1756.

Sanches, A. N. R. *Cartas sobre a Educação da Mocidade*. Porto: Domingos Barreira, n.d.

Seabra da Silva, J. *Dedução Cronológica e Analítica*. Lisboa, 1767.

Tallentyre, S. G. *Voltaire in his Letters, being a Selection of His Correspondence*. Nova York: G. P. Putnam's Sons, 1919.

Verney, A. *O Verdadeiro Método de Estudar*. Lisboa, 1746.

Voltaire. *Dicionário Filosófico*. São Paulo: Martin-Claret, 2002.

_____. *Cândido*, in *Voltaire: Contos e Novelas*. trad. Mario Quintana. São Paulo: Editora Globo, 2005.

Wade, I. O. *Voltaire and Candide: A Study of the Fusion of History, Art and Philosophy*. Princeton: Princeton University Press, 1959.

Wesley, J. *Serious Thoughts Occasioned by the Late Earthquake at Lisbon*. Londres, 1755.

_____. *Hymns Occasioned by the Earthquake, March 8, 1750. To which is added An Hymn upon the Pouring of the Seventh Vial. Occasioned by the Destruction of Lisbon*. Bristol, 1756.

Whitefield, G. *Works of the Reverend George Whitefield*. Londres: E. and C. Dilly, 1771.

Wiley, B. *The Eighteenth Century Background: Studies on the Idea of Nature in the Thought of the Period*. Londres: Chatto and Windus, 1940.

Zweig, S. *The Right to Heresy: Castellio against Calvino*. Nova York: Viking Press, 1936.

ARQUITETURA E URBANISMO: ENGENHEIROS E PLANEJAMENTO URBANO ESCLARECIDO, MONUMENTOS E PALÁCIOS

Aires, C. *Manuel da Maia e os Engenheiros Militares Portugueses no Terremoto de 1755*. Lisboa, 1910.

Associação dos Architectos Portugueses, ed. *Guia de Arquitectura, Lisboa 94*. Lisboa, 1994.

Castro, J. M. de. *Descrição analítica da execução da real estatua ecuestre do Señor Rei Fidelíssimo D. José I*. Lisboa, 1810.

França, J. A. *A Lisboa Pombalina e o Iluminismo*. Lisboa: Bertrand, 1983.

O ÚLTIMO DIA DO MUNDO   257

_____. *A reconstrução de Lisboa e a arquitectura pombalina*. Lisboa: Instituto de Cultura e Lengua Portuguesa, 1989.

Gideon, S. *Space, Time and Architecture*. Cambridge, Mass.: Harvard University Press, 1941.

Kaufmann, E. *Architecture in the Age of Reason*. Cambridge, Mass.: Harvard University Press, 1955.

Kubler, G. *Art and Architecture in Spain and Portugal and Their American Dominions, 1500-1800*. Harmondsworth: Penguin, 1959.

Pereira de Sousa, F. L. *Efeitos do Terremoto de 1755 nas Construcções de Lisboa*. Lisboa, 1909.

Pommer, R. *Eighteenth-Century Architecture in Piedmont: The Open Structures of Juvarra, Alfieri e Vittone*. Nova York: New York University Press, 1967.

Santos, L.R. *Monumentos de Portugal*, in *Paisagem e Monumentos de Portugal*, Lisboa: Comissão Nacional dos Centenários, 1940.

Viterbo, S. *Diccionario Histórico e Documental dos Arquitectos, Engeneiros e Construtores Portugueses ou ao Serviço de Portugal*. Lisboa, 1899-1922.

SISMOLOGIA: PRIMEIRAS ESPECULAÇÕES, NASCIMENTO DE UMA NOVA CIÊNCIA, ESTIMATIVAS CONTEMPORÂNEAS

Burnet, T. *The Sacred Theory of the Earth*. 1691; reeditado por Carbondale: Southern Illinois University Press, 1965.

Fuchs, K. "The Great Earthquakes of Lisbon 1755 and Aceh 2004 Shook The World: Seismologists' Societal Responsibility". Conferência Pública, 250º aniversário do Terremoto de Lisboa, Lisboa.

Kant, I. *Geschichte und Naturbeschreibung der merkwürdigsten Vorfälle des Erdbebens, welches an dem Ende des 1755sten Jahres einen grossen Theil der Erde erschüttert hat*. Königsberg, 1756, republicado em *Kants Werke I*. Berlim: Akademie Textausgabe, 1968.

Mallet, R. "On the Dynamics of Earthquakes; being an Attempt to reduce their observed Phenomeny to the known Laws of Wave Motion in Solids and Fluids. Lido em 9 de fevereiro de 1848". *Irish Academy* 21 (1848), 51-113.

Michell, J. "Conjectures concerning the Cause of Observations upon the Phaenomena of Earthquakes", *Philosofical Transactions of the Royal Society* 51 (1760), 566-634.

BIBLIOGRAFIA

Moreira de Mendonça, J. J. *História universal dos terremotos que tem havido no mundo, de que há notícia, desde a sua creação até o século presente, com uma narração individual do terremoto do primeiro de Novembro de 1755, e notícia verdadeira dos seus effeitos em Lisboa, todo Portugal, Algarves, e mais partes da Europa, África e América, aonde se estendeu.* Lisboa: Oficina de António Vicente da Silva, 1758.

Reid, H. F. "The Lisbon Earthquake of November 1, 1755". *Bulletin of the Seismological Society of America* 4 (1979).

Reinhardt, O. e D. R. Oldroyd. "Kant's Theory of Earthquakes and Volcanic Action". *Annals of Science* 40, n⁰ 3 (maio de 1983).

Richter, C. *Elementary Seismology.* São Francisco: Freeman, 1958.

Zitelini, N. et al. "The Tectonic Source of the 1755 Lisbon Earthquake and Tsunami". *Annali di Geofisica* 42 (1999).

ÍNDICE

Abrantes, Marquês de, 51
Academia dos Ilustrados, 44
Academia Real de História
  Portuguesa, 44, 45
Afonso, rei de Portugal, 89-90, 93
África, 73, 76, 89, 98, 103, 122
Alegrete, Marquês de, 55, 224
Alemanha, 132, 142
Alfama, 88n, 95, 180
Alfândega, 25, 31, 72, 73, 183,
  189, 191, 226
Almeida, Nicolau Tolentino de,
  230
América Latina, 153, 188, 207
Americana, Revolução, 234
Anglicanos, 160
Anticatolicismo, 110, 134, 158, 160
Antissemitismo, 107, 118
Aristóteles, 87, 119, 165, 168
Arquitetura, 88, 166, 175, 185,
  226
Ásia, 73, 76, 104-07, 120, 122-23,
  126, 129
Atoguia, Conde de, 205, 206
Aula do Comércio, 214
Áustria, 62
Aveiro, Duque de (José de
  Mascarenhas), 204-06

Bacon, Francis, 162, 165, 166
Bairro da Baixa, 72-73, 178-80,
  225
  Carvalho honrado com a
    renomeação do, 186
  descrições antes do terremoto
    do, 178, 179, 186, 188
  destruição do, 72-73, 178,
    183, 190
  legalidades na reconstrução de,
    19-21
  novos nomes de ruas e
    corporações concedidos ao,
    195-96
  pré-fabricação usada na
    reconstrução do, 194
  reconstrução, 183, 185, 188,
    225, 242
  remoção de favelas no, 179
  técnicas de construção
    resistentes a terremotos
    usadas na reconstrução de,
    189-90, 193
Baixa Pombalina, 196, 235
Barcelona, 195
Baretti, Giuseppe, 197-99
Baschi, M. De, 64
Beckford, William, 234n

Belém, 57, 78, 80, 105, 132, 178, 183, 203
   execuções realizadas em, 205-06, 208-09
   família real em, 34-35, 38, 51n, 59, 65, 225
Belém, Torre de, 105n, 205, 209
Bento XIV, Papa, 129, 207-08
Berlinische Nachrichten, 140
Birmingham, David, 214n
Boxer, Charles, 22n
Brasil, 18-19, 21, 51, 62, 78, 103-04, 106, 122, 123, 126-27, 129, 136, 189, 209, 214n, 217
   colonização por Portugal do, 103-04
   dependência de Portugal em relação ao, 78, 103-04, 220-22
   escravidão como necessidade econômica no, 219
   fuga da família real para o, 234
   independência do, 234
   ouro do, 18-19, 35, 51, 126-27, 128, 131, 219, 220, 223
British Merchant, The (King), 220
bruxas, 112
Buchanan, George, 118

Cabral, Pedro Álvares, 103-04
Cadamosto, Alvise da, 99
Calvinismo, 110n
Calvino, João, 115-16
Câmara d'Atalaia, José Cardinal Manuel da, 56, 157
Camões, Luís de, 101
Cândido (Voltaire), 15, 148-52
Carmo, Mosteiro do, 76, 240

Cartas sobre a Educação da Mocidade (Sanches) (C), 215
Carvalho e Melo, Sebastião José de (marquês de Pombal)
   a reconstrução de Lisboa supervisionada por, 181, 182, 184-86, 188-89, 195
   autoridade pela resposta e reconstrução pós-terremoto passado a, 51-60, 154
   Baixa Pombalina, nomeada em homenagem a, 196
   biógrafos de, 233
   campanha por industrialização de, 222, 223
   como líder despótico, 188, 195-96, 201, 222, 229, 230
   duas facetas da liderança de, 213
   "enterrar os mortos", conselho de, 38, 50
   filosofia e prioridades de reforma de, 208-10, 211-13, 209, 215
   imediatamente após o terremoto, 162
   inimigos de, 189-92, 203-06 223, 231
   José I como protetor de, 39, 58, 157, 185,189, 229
   legado de, 233, 234
   Malagrida como inimigo de, 153-55, 157-58, 204-08
   medalhão de bronze feito em homenagem a, 228, 230, 228, 230
   monumento erguido a, 226
   morte de, 233
   na qualidade de chefe de polícia, 219

na qualidade de Estrangeirado, 161, 166-67, 171

novos nomes de rua da Baixa dados por, 196

oposição aos jesuítas e expulsão por, 141, 206-07, 191

origens e subida ao poder de, 43-48, 50, 76, 80

queda do poder de, 229-31

questionário sismológico publicado por, 171

reabilitação da reputação de, 233, 234-35

reformas educacionais de, 216-19, 223, 230

reformas sociais de, 217

reversão das reformas de, 231, 233

revide aos conspiradores contra José I, 213

supervisionada por, 213, 215

terremoto visto por, 134-35

títulos dados a, 215, 224, 226

Carvalho e Mendonça, Paulo de, 211

Carvalho, Paulo, 225, 226

Casa da Índia, 25, 31, 72, 104, 179, 191

Casa da Moeda, 51, 72-73, 76-78

Casa do Risco, 192, 193, 195

Castelo de São Jorge, 17, 49, 86

Castres, Abraham, 53, 55, 57, 60, 65, 70

Catarina de Bragança, princesa, 121, 127, 170

Catarina, rainha de Portugal, 119

Censura, 117-18, 215

Cerdá, Ildefonso, 195

Cevallos, José de, 162-63

Carlos I, rei da Inglaterra, 126

Carlos II, rei da Inglaterra, 127, 170, 187

Chase, Thomas, 28-29, 30n, 157

Cheke, Marcus, 233

ciência, 162, 167, 170, 171, 181, 201, 214, 217

em respostas ao terremoto, 162-86

Clemente XIII, Papa, 208, 209n, 210

Clemente XIV, Papa, 209n

Coimbra, 38, 45, 53, 58, 183, 207, 231

Coimbra, Universidade de, 44, 118, 124, 131, 150, 165, 201, 216

Colbert, Jean-Baptiste, 46

Comerciantes, 46, 54, 72-74, 124, 132-33, 141, 144, 166, 212, 218, 222-23

britânicos, 62, 75, 221-23

relação de Carvalho com, 189, 230

holandeses, 109

companhias privilegiadas, 223

Complexo Basáltico de Lisboa, 183n

Concise History of Portugal, A (Birmingham), 214n

Conjectures Concerning the Cause of Observations on the Phaenomena of Earthquakes (Michell), 169

Contrarreforma, 24, 26, 118, 211

corporações, 196

Cortes (parlamento português), 119, 122, 123, 129

Costa do Ouro da África (Gana), 98

Costigan, Arthur William, 222

Courtils, Chevalier des, 220

cristãos-novos (Marranos), 108, 218, 233

Cristianismo, 86, 88, 94, 108
  ver também Protestantes; Igreja católica romana

Crônica (Goes), 105

Cruzadas, 95, 96, 120

d'Alembert, Jean le Rond, 168

da Cunha, Cardeal, 215

da Cunha, Luís, 47

da Gama, Vasco, 18, 103, 104, 107

Daun, conde Leopold Joseph von, 47

Daun, Leonara Ernestine, 47

De Expugnatione Lixbonensi (Osbernus), 91

de Haes, Frans, 160-61

Descartes, René, 165-67

Description de La ville de Lisbonne, 21

Dia de Todos os Santos, 17, 24-26, 34, 37, 80, 184, 233, 235, 239-40

Diamantes, 18-19, 73, 128-29, 133, 219

Poesia e Verdade (*Dichtung und Wahrheit*) (Goethe), 143

Discurso Político... (Carvalho), 134

Dissertação (Maia), 181, 187, 189

ditadura do Estado Novo, 235

Dominus ac Redemptor (Clemente XIV), 209*n*

educação, 23, 118-19, 214, 215, 217

controle pelos jesuítas de, 119, 165

reformas de Carvalho em, 131, 166, 207, 233

elegibilidade política, 233

Ensaio sobre o Homem, Um (Pope), 137

Ensaios de teodiceia... (Leibniz), 139

Era dos Descobrimentos, 18, 87, 96, 105*n*

Ericeira, conde de, 44, 45, 222

escravidão, escravos, 18, 20-21, 49, 71, 97-100, 104, 106, 126*n*, 127, 129, 131, 164, 214*n*, 217-19
  proibição por Carvalho da, 217*n*, 224

estilo Manuelino Gótico Tardio, 105

Espanha, 17, 54, 58, 62, 80*n*, 107, 110, 114, 116-17, 121-27, 129, 131, 166, 179, 197, 209*n*
  jesuítas expulsos da, 124, 209, 211
  ver também relações entre portugueses e espanhóis

Estados papais, 209

Estrangeirados, 166, 171, 186, 218

Évora, Universidade de, 119, 208

Faria e Sousa, Manuel, 104

Feijoo y Montenegro, Benito Jerónimo, 162

Feitoria Britânica, 25, 71, 162

Felipe II, rei da Espanha, 80*n*, 121-22, 131

Felipe IV, rei da Espanha, 124

Fernando VI, rei da Espanha, 64

Fernando, rei da Espanha, 107, 108

fidalgos, 44, 204
Fielding, Henry, 175, 177-78
"filósofos naturais", 168
Fonseca, Gualter da, 186, 189, 192
Foxe, John, 110-11, 114
França, 17, 62, 100, 123, 125-26, 129, 132, 142, 197, 209*n*, 230

Gaiolas, 194
Gaspar, Príncipe, 53, 129
Gazeta de Lisboa, 58, 140, 204
Gazette de France, 140
Genebra, 115, 116, 143, 146, 148
Genovesi, Antonio, 165
Gentleman's Magazine, 71, 168
Gilberto de Hastings, 94
Girardon, François, 227
Goes, Damião de, 104
Goethe, Johann Wolfgang von, 141, 143
Grã-Bretanha, 53, 86, 135, 183-89
    e pontos de vista religiosos sobre terremotos, 159-61, 173
    judeus portugueses em exílio na, 206, 208
    ver também comerciantes, britânicos; relações entre portugueses e britânicos
Graevenhaegse Courant, 140
Grande Incêndio de Londres, O, 64, 170, 182
Grande Terremoto de Lisboa: réplicas e
    auxílio enviado a Portugal depois do, 57-58, 82
    cerimônia de rememoração anual feita para, 237

como oportunidade para a renovação, 57, 170, 171, 185, 195, 239
comparações históricas com, 67-69
criminalidade em seguida ao, 49-50
data e hora do, 36
destruição diretamente devida aos abalos, 37, 50, 58, 60, 61, 63, 72, 79, 81
distribuição de comida depois do, 55
divulgação de notícias sobre o, 135-37, 238
enterros marítimos depois do, 47-50
epicentro do, 168, 240
estabelecimento da ordem depois do, 41-66, 185
estragos causados pelo, 34, 183
êxodo de Lisboa depois do, 48-49, 108
ilustrações em xilogravura do, 135-36
incêndios depois do, 58, 240
legado do, 76, 129-30, 225, 235, 242
magnitude do, 198, 240
número de abalos no, 27-28, 32, 61*n*
otimismo versus razão e o, 137-39, 140
outros abalos depois do, 57-58, 59*n*, 183
outros lugares afetados pelo, 60-61, 242
prejuízos econômicos do, 74
primeiro registro oficial publicado a respeito do, 177, 240

reações religiosas ao 13, 14, 49,
    58, 69, 82, 86, 88, 135-38,
    157-58, 237
relatos de testemunhas do, 38,
    49, 54, 74, 140, 141, 142,
    158, 168, 198, 232
respostas científicas ao,
    170-72, 238
taxa de mortalidade no, 27, 32,
    38, 54
tsunamis depois do 34, 38,
    61-62, 69, 73
Guerra dos Trinta Anos, 123

Hamburgo, 17, 62, 64, 156
Hannan, Philip M., 243
Haussmann, Barão, 195
Hazard, Paul, 232
Henrique, o Navegador, príncipe,
    96-97, 99, 119-20
Henrique, príncipe, 18
heréticos, 24, 108, 114-15, 117,
    153, 161, 219
Herrera, Juan de, 25
Herring, Thomas, 160
"Het verheerlykte en vernederde
    Portugal" (de Haes), 160
História de Portugal (Oliveira
    Martins), 237
História universal dos terremotos...
    (Moreira), 41
"História e descrição natural dos
estranhos fenômenos relacionados
com o terremoto..." (Kant), 167
Hobbes, Thomas, 46
Hooke, Robert, 168
Hospital de Todos os Santos, 70,
    72, 179
Hume, David, 166, 169

Idade da Razão, 134
Ignacio, San, 208
Igreja Católica, ver Igreja Católica
    Romana
Igreja católica romana, 19, 23, 70,
    92, 114, 121, 131, 154, 165,
    167
    a luta pelo poder de Carvalho
        com a, 60, 154, 213, 217,
        224
    antissemitismo promovido
        pela, 107, 96, 107
    ataques de Voltaire à, 145, 149
    filhos ilegítimos entre senhores
        e escravos batizados na, 100
    oposição a reconstrução de
        Carvalho pela, 157, 171,
        192
    poder da, 21, 23, 25, 56, 96,
        128
    restauração de poder da, 231,
        234
    riqueza da, ver também
        anticatolicismo; Inquisição;
        Santo Ofício da; Lisboa;
        clero e igrejas pertencentes
        à, 22-23, 161, 219
    separada do Estado, 98, 109,
        114, 117, 119-20
    tráfico de escravos sancionado
        pela, 98
Iluminismo, 21, 139, 156, 201-35
Império português, 18, 19, 58, 62,
    104, 106, 108, 119-21, 127,
    179
    dependência de Portugal em,
        78, 112, 209-11
Império Romano, 86
Índia, 35, 103-04, 121, 204
indústria de vinho, 97, 133,
    220-21, 223

industrialização, 222, 223
Inquisição, Santo Ofício da,
23-24, 108, 110, 117, 150,
152, 161, 163
autos de fé do, 24, 110
Cândido e, 148-49, 151
censura conduzida pela, 44,
117-18, 167
como corte civil, 152, 219
danos do terremoto ao, 53,
161
estabelecimento em Portugal
do, 44, 108-09, 111, 117,
119, 159
fim do, 134, 144, 161, 214
judeus alvo do, 161
Malagrida trazido diante do,
211
na Espanha, 110
número de vítimas do, 117
o poder da censura retirado de,
149, 215
quartéis-generais do, 31, 72,
179, 211
revisão da coroa das sentenças
feita pelo, 154, 161
uso de tortura pelo, 110, 114,
118, 145, 158, 206
Investigação das causas próximas do
terramoto, succedido em Lisboa
(Silva), 162
Isabel, rainha da Espanha,
107-08, 119
Islã: conversões cristãs ao; *ver*
também Muçulmanos
Itália, 19, 153, 197

Japão, 242
Jesuítas (Sociedade de Jesus),
118-19, 189, 208, 215

Carvalho como inimigo dos,
154, 207, 210
confisco de riquezas dos, 209,
214
conspiração contra o rei José e
os, 124, 204, 205, 208
dissolução e expulsões de
outros países dos, 211, 213,
224
educação sob controle dos,
119, 121, 131, 165, 167,
208, 215
expulsos de Portugal por
Carvalho, 208-09
fundador dos, 118, 208
João (arcebispo de Braga), 90
João III, rei de Portugal, 119
João IV, rei de Portugal, 125-26,
127
João V, rei de Portugal, 19, 45,
46-47, 53, 63*n*, 76, 79,
128-33, 153-54, 157,
166, 186
João, príncipe, 234
Johnson, Samuel, 141
Jorge II, rei da Inglaterra, 62-63,
156, 213
Jorge, São, 34
José, príncipe, 53
José I, rei de Portugal, 22, 34, 37,
39, 47, 58, 64-65, 78, 80,
157, 179
aversão por telhados de
alvenaria de, 225
comando passado a Carvalho
depois do terremoto por,
39, 58, 185, 189
como protetor de Carvalho,
39, 229
conspiração dos nobres contra,
203, 204

decreto real para a reconstrução de Lisboa baixado por, 78, 192

estátua equestre de, 191

Fidelissimus, título de, 23

filhos ilegítimos de, 100, 129, 206

Malagrida mandado a exílio interno por, 157, 204, 205

morte de, 229

nascimento de, 122

no terremoto, 80

possessões reais de, 181

títulos dados a Carvalho por, 206

Journal Étranger, 140

Journal of a Voyage to Lisbon (Fielding), 175

judaizantes, 161, 219

Juderías, 107

Judeus, 20, 24, 31, 46

conversão ao cristianismo, 88, 107-08, 160, 218

emigração dos, 107-09

expulsão da Espanha dos, 107-08

na sociedade portuguesa, 31, 107

no exílio, 46, 133, 156

o fim da discriminação institucional instituído por Carvalho, 218-19

perseguição aos, 47, 87, 107-09, 117

sob o domínio muçulmano, 47, 87

Juízo da Verdadeira Causa do Terramoto (Malagrida), 137, 155, 157, 209, 215

Juvarra, Filippo, 187

Kant, Immanuel, 167-68, 216

Katrina, furacão, 243-44

Keene, sir Benjamin, 60, 62

King, Charles, 220

Kjobenhavns ridende Post, 140

Le Bas, Jacques Philippe, 142

Le Brun, Charles, 227

Lei Mosaica, 115

Leibniz, Gottfried Wilhelm von, 139, 143, 145-46, 149

Lemos, Francisco de, 216, 231

Lenda Negra, 110, 160, 221

Lettere Famigliari di Giuseppe Baretti... (Baretti), 197

Lisboa: abandono cogitado para, 27, 31, 36, 38-39, 49, 55-56, 58, 179

aqueduto de, 79, 132, 181, 182, 186

bairros de, 17, 23, 24-25, 60, 72, 88, 180

clérigo e igrejas de, 45, 91-92, 94, 118, 130, 162, 178

conferência de sismologia realizada em, 239

decreto real baixado para a reconstrução de, 78, 192

descrições e história de, 17-20, 21-22, 85-86, 89, 93-94

escravos em, 20-21, 99-100

Fielding em, 177-78

fontes de recursos para a reconstrução de, 65, 69, 73, 78, 135

importância estratégica e comercial de; *ver também* bairro da Baixa

monumento de Carvalho em,
226-27, 235
na Era dos Descobrimentos,
18, 87, 96, 105n
na Reconquista, 25, 88, 94,
95-96, 110
planos de Maia para a
reconstrução de, 52, 79,
180-83
pogroms em, 114, 134, 218
população de, 20-22, 31, 53,
59, 70, 132
restos mortais de Carvalho
reenterrados em, 235
santo padroeiro de, 25
Senado da Câmara em, 55
sob domínio muçulmano, 87,
95
sociedade mestiça em, 100
terremoto de 1755 em, *ver*
Grande Terremoto de
Lisboa
terremoto do século XVI em,
184
visitantes estrangeiros ávidos
para ver ruínas de, 20, 199,
225
Livro dos Mártires, O (Foxe),
110-11, 114
Lobo da Cunha, António de Santa
Marta, 215
Locke, John, 46, 165, 166,
216
London Gazette, 168
London Magazine, 140
Londres, 61-62, 72, 74, 76, 143,
156, 166, 180, 182, 186-87,
197, 220
cargo diplomático de Carvalho
em Londres, 46-47, 212,
218, 222

Louriçal, marquês de, 76, 165
Luís XIV, rei da França, 19, 126,
127, 227
Luís XV, rei da França, 64, 144
Lusíadas, Os (Camões), 101
Lutero, Martinho, 104-05, 115

Machado de Castro, Joaquim, 227
Maia, Manuel da, 79, 182, 185,
187-88, 194-95
arquitetos colaboradores
selecionados por, 185-87,
195-96, 225
histórico e carreira de, 181
morte de, 224
planos para reconstrução de
Lisboa apresentados por,
180-84, 189
Malagrida, Gabriel, 137, 153,
154-55, 157-58, 164, 171,
195, 209, 210, 215, 244
Carvalho como inimigo de,
157, 162, 208, 210,
232
conspiração contra o rei José I,
204, 208
enviado para exílio interno,
157
escritos da cadeia, 209-11
panfleto sobre o terremoto
publicado por; *ver Juízo
da Verdadeira Causa do
Terramoto*
prisão e execução de, 204-05,
209, 211, 215-16, 229
Malik, Abd Al-, 120
Mallet, Robert, 169
Manuel I, rei de Portugal, 103,
105, 107-08, 119, 122,
125, 179

Mardel, Carlos, 79, 166, 181, 186, 189, 192, 194, 195, 224, 225
Maria Ana, rainha de Portugal, 47, 65, 130
Maria Ana, Victória, rainha de Portugal, 34-35
Maria Bárbara, princesa, 64
Maria I, rainha de Portugal, 111, 229, 223
Marranos, *ver* cristãos-novos
Marrocos, 97, 120
Maxwell, Kenneth, 231
Mazarin, cardeal, 126
"Meninos de Palhavã", 206
Mercantilismo, 46, 220
mestiços, 100
Methuen, tratado de, 133, 220, 222
Metodismo, 18, 158
Michell, John, 168-70
"Mohocks", 45
Moisés, 156
monarquismo, 23, 46, 62, 80, 96, 107, 119, 129, 133, 179, 184, 212, 217, 226
Montanus, Reginaldus Gonsalvus, 110-11
Mosteiro dos Jerónimos, 105, 177
Moreira de Mendonça, Joaquim José, 41, 52, 55
Mota, Cardeal, 45
Muçulmanos, 20, 86, 88, 89, 94, 120
    contribuições culturais dos, 86-87, 95
    e reconquista de Portugal, 89, 90-93, 94-95, 122
    expulsão da Espanha dos, 88-89
    Portugal sob domínio dos, 86-87

tolerância religiosa sob os, 96, 109, 114
Museu de Arte Antiga, 239

Nápoles, 184, 209n
Newton, sir Isaac, 46, 165-67, 169
Nicolau V, papa, 98
noblesse de robe, 44
nobreza, 19, 25, 43, 131, 149, 223, 234
    Carvalho como inimigo da, 204-05, 224
    monopólios nas importações da, 19, 223, 231
    na conspiração contra o rei José, 224
    oposição da reconstrução da Baixa pela, 192-93
    restauração do poder da, 212, 214
    status da, 44, 234
Noronha e Bourbon, Teresa, 45
Nova Inglaterra, 163
Nova Orleans, Louisiana, 242-43
novos homens, 216, 217
Nuevo systhema sobre la causa physica de los terremotos (Feijoo), 162
Nunes, Pedro, 105

"Occasioned by the Death of Mr. G. Vincent...", 71
Olivares, duque de, 124
Oliveira Martins, Joaquim Pedro de, 237
Ordem de Cristo, 97
Osbernus (Osbern de Bawdsey), 83, 91

otimismo versus razão, 134, 139, 171, 179, 185, 217

Ouro, 18-19, 35, 63, 64, 73, 76, 78-79, 81, 97-99, 127-29, 132-33, 185, 219, 222, 223

Paço da Ribeira, 31, 34, 51*n*, 72, 125, 179, 197

Palácio dos Estaus, 31, 161

Palácio Real, 24, 47, 52, 130, 191, 197

Países Baixos, 17, 19, 62, 64, 156, 218

palácio-convento de Mafra, 130

Panglossiano, 151

Paris, 21, 142, 143, 148, 150, 188, 195, 227

Parma, 121, 209

Pedegache, Miguel Tibério, 140-42

Pedro V, rei de Portugal, 234

Pele, Giovanni Battista, 224

Pennsylvania Gazette, 74

Pereira de Figueiredo, António, 154

Perelada, conde de, 36, 64

Pinto, Isaac de, 109*n*

planejamento urbano, 182-83, 185, 187-89, 195, 225, 242

Poema sobre o desastre de Lisboa (Voltaire), 145

Marquês de Pombal: Paradoxo do Iluminismo (*Pombal: The Paradox of the Enlightenment*) (Maxwell), 231

Pombal, 231, 235

Pombal, Inquérito de, 172

Pombal, marquês de, *ver* Carvalho e Melo, Sebastião José de, 38, 196, 224, 228, 231, 233-35

Pope, Alexander, 137, 139, 143, 145

Poppe, Elias Sebastião, 186, 189, 192

Portal, Manuel, 60, 69

Portugal: modernização por Carvalho de, 212, 214

anulação das reformas de Carvalho em, 214, 229-31

caráter medieval de, 19, 44, 132, 190

falta de recursos em, 19, 88, 131, 188, 225

frota de, 79, 103-04, 123

invasão francesa a, 234

os infortúnios pós-Carvalho de, 232-34

parlamento de, *ver* Cortes

poder da Igreja em, 56

população de, 20-22, 31, 53, 59, 70, 132

reconquista de, 89, 90-93, 94-95, 122

santo padroeiro, 25

sob domínio muçulmano, 86, 87, 89, 92-95, 120, 122

Praça do Comércio, 196, 226, 230, 234

praga, 13, 139, 221, 242

Protestantes, 14, 23, 31, 32, 110-11, 114, 117, 153, 160, 162, 164, 218

Provérbios, Livro dos, 134

Public Advertiser, 168

"quinto real", 19

"Quixotada, A" (Almeida), 230

Real Mesa Censória, 215

Relações entre portugueses e
britânicos, 61-62, 125
assistência após o terremoto,
80
casamentos da realeza entre
si, 43
comércio, 18-19, 25, 46, 51,
73-74, 79, 98-99, 104,
109, 123, 132-34, 180,
184, 191, 196, 207-08,
213, 221-24
militares, 65, 79, 122, 124,
149, 172, 212, 228, 234
Relações entre portugueses e
espanhóis, 62, 66, 127,
128
assistência após o terremoto
e, 68
casamentos da realeza entre si
e, 68
períodos de unificação nas, 86,
224-26
rebelião portuguesa, 123-25,
179
Revolução Francesa, 212, 227n,
234
Robinson, sir Thomas, 53
Rogers, John, 163-64
Romanus Pontifex (Nicolau V), 98
Rousseau, Jean-Jacques, 146-48
ruas nobres, 190, 191

Salazar, António de Oliveira, 235
Saldanha, cardeal, 208
Salem, Massachusetts, 177
Salvi, Nicola, 130
Sampaio, monsenhor, 53
san benitos, 113n
Sanches, António Ribeiro,
166-67, 171, 215

*Sanctae Inquisitionis Hispanicae
Artes* (Montanus), 110
Santa Clara, Joaquim de, 231
Santos, António Ribeiro dos, 201,
233
Santos, Eugénio dos, 186, 189,
192, 195, 227
São Domingos, igreja de, 76,
113n, 134, 161
São Paulo, Catedral de, 33, 187
São Roque, igreja de, 130
São Vicente de Fora, 25
Saudita, Arábia, 243
Sé, Catedral da, 51, 53, 70, 72, 94
Sebastião, rei de Portugal, 120-21
Segunda Cruzada, 89, 95
Semana Santa, 108
Senado da Câmara, 55
*Serious Thoughts Occasioned by
the Late Earthquake at Lisbon*
(Wesley), 158
Servetus, Michael, 116
Sismologia, 167, 168, 169, 171,
172, 240
conferência sobre, 239
Sociedade de Jesus, *ver* Jesuítas
Sousa Mexia, Bartolomeu de, 78
Southwell, Edward, 197
Spinoza, Baruch, 109n
Sucessão Austríaca, Guerra da, 49n

*"The Terribility, and the Moral
Philosophy of Earthquakes"*
(Rogers), 163
Tavares, José Acúrsio de, 67
Távora, família, 154, 157, 205,
206, 208, 211, 213, 229-30,
232
Távora, Francisco de Assis,
marquês de, 203-06

Távora, Luís Bernardo de, 205
Távora, Manuel Varejão de, 70, 161
Távora, Marquesa de, 203, 205, 208
Teixeira, Pedro, 203
Tejo, rio, 13, 17, 32-34, 51, 55, 56, 72, 79, 81, 85, 103, 177, 178, 191, 206, 227
teoria da propagação da onda, 168
Terreiro do Paço, 55, 72, 183, 186, 190-91, 194, 196
terremotos, 58, 61, 163, 167, 168-69, 170, 173, 184
  design das construções e, 167, 194, 241
Terzi, Filipo, 25
têxtil, indústria, 133, 222
Tomar, Cortes de, 122
Tomás de Aquino, são, 119
Tronchin, Jean-Robert, 144
Turim, 187, 197

Vanvitelli, Luigi, 130
Vasco, Grão, 105
Verdadeiro Método de Estudar, O (Verney), 166, 215
Verney, Luís António, 166, 171, 215
Vicente, Gil, 105
Vicente, São, 25
Vieira, Custódio, 79, 181
Viena, 47, 166, 212
Vincent, Giles, 71
Viradeira, 229
visigodos, 18, 81, 86-87, 96
Vittorio Amedeo II, duque de Saboia, 121, 187
Voltaire, 15, 129, 143-49, 151, 153, 196, 216, 241

Walpole, sir Robert, 213
Wesley, John, 18, 133, 158-61, 164, 170, 244
Whitefield, George, 23, 170
Wood, John, o velho, 188
Wren, Christopher, 182, 186-87

Zacuto, Abraham ben Samuel, 107

Conheça mais sobre nossos livros e autores no site
www.objetiva.com.br
Disque-Objetiva: (21) 2233-1388

Este livro foi impresso na
LIS GRÁFICA E EDITORA LTDA.
Rua Felício Antônio Alves, 370 – Bonsucesso
CEP 07175-450 – Guarulhos – SP
Fone: (11) 3382-0777 – Fax: (11) 3382-0778
lisgrafica@lisgrafica.com.br – www.lisgrafica.com.br